21세기 한국의 문화혁명

차례
Contents

문화혁명이란?

문화혁명이란?

현재 한국에서는 인터넷혁명과 세대혁명을 두 축으로 하는 거대한 문화혁명의 흐름이 밀려오고 있다. 장강의 뒷물이 앞물을 밀고 내려가듯이 거스를 수 없는 흐름이다. 왜 이러한 흐름이 밀려오는 것일까? 그 흐름 속에는 어떠한 내용들이 담겨 있는 것일까? 이 책은 한국에서 일어나고 있는 이러한 변화를 이해하기 위한 것이다.

영상매체의 발달에 이은 인터넷혁명은 각종 정보와 의미의 소통체계를 혁명적으로 바꾸고 있다. 우리 주변을 둘러싸고 있는 문화소통수단(영상매체나 인터넷 등 문화를 소통하여 서로 전달하고 나누고 반응하는 수단들)의 급속한 변화가 우리의 상상, 가치관, 의미, 감성을 혁신시켜 폭발적인 문화혁명을 일으키고 있다.

또한 한국은 지난 40년간 세계 역사상 그 유래가 없을 정도로 빠른 압축성장을 하였다. 그 결과 세계 어떤 나라보다도 세대 간의 성장환경 차이가 큰 나라가 되었다. 기성세대와 새로운 세대들이 서로 아주 다른 환경 속에서 자라서 상상, 가치관, 감성에서 커다란 차이가 있어 세대적 격변이 일어나고 있는 중이다.

물론 현재 일어나고 있는 이러한 거대한 변화를 혁명이라고 부를 수 있는가에 대해 많은 비판이 있다. 혁명이라는 말을 사용하여 새로운 상상력과 가치관을 가진 집단이 점령군처럼 나타나서 휩쓰는 것은 아닌지 걱정하는 사람들도 있다. 새로운 가치관을 가진 집단이 지나치게 빠르게 변화를 주도하여 혼란을 일으킨다는 의미에서 혁명이라는 말을 쓰는 사람도 있다.

특히 문화혁명하면 중국의 1960년대 문화혁명을 기억하는 사람이 많다. 그 당시 마오쩌둥은 학생과 청년들을 동원하여 기존의 세력과 문화를 철저히 바꾸고자 하였다. 이러한 동원과 젊은 세대의 열정적인 참여가 문화혁명이라는 커다란 소용돌이를 일으켰다. 그러나 중국의 문화혁명은 정권 차원에서 사람을 동원하여 문화혁명을 시도한 것이었지 국민의 삶에 뿌리내리는 것은 아니었다.

이 책에서 문화라는 말은 상상, 의미, 감성, 가치관, 정서 등 정신적 영역을 총괄하는 개념으로 사용하고 있으며, 문화혁명은 근본적인 문화혁신이 비교적 빠른 기간에 이루어진다는 뜻으로 사용하고 있다. 정치적 격변과 어떻게 맞물려 있는지는 상황에 따라 다를 것이다. 따라서 문화혁명이 꼭 폭력적 변화를 의미하지는 않는다. 단기간에 상상력과 가치관에 커다란 변화가 나타나고 이에 따라 각종 조직, 관습 그리고 생활이 급속하게 변화한다는 것을 의미할 뿐이다.

근본적인 문화적 변화가 일어난다고 하여 기존의 상상력과 가치관을 일소하고 완전히 새로운 문화체계를 만드는 것은 아니다. 그러한 변화는 불가능하다. 거대한 주도적 흐름이 바뀌는 정도이지 기저에는 기존의 많은 가치관, 상상력, 의미체계들이 남아 있고 또한 지속적으로 영향을 미치고 있다.

영국 문화학자 레이몬드 윌리엄즈(Raymond Williams)는 이를 지배문화, 잔여문화, 부상하는 문화로 설명하고 있다.[1] 현재 한국의 문화혁명은 인터넷에 기초한 새로운 세대의 문화가 부상하여 지배문화로 접근해가고 있고 대신 기존의 주된 상상, 가치관, 의미체계들이 지배문화에서 점차 약화되는 과정이라고 볼 수 있다.

한국의 문화혁명들

2002년은 문화적으로 해방 이후 가장 혁명적인 변화가 나타난 시기였다. 한국 인터넷의 대부로 불리는 KAIST의 전길남 교수가 2002년을 정보사회의 진정한 원년이라고 말했을 정도이다.[2] 영국의 「가디언」지는 한국의 대통령 선거에서 당선된 노무현 대통령을 세계 최초의 넷(net) 대통령이라고 하였다. 인터넷이 그의 당선에 결정적인 영향을 끼쳤다는 의미다. 월드컵 축제나 효순이·미선이 관련 촛불시위나 대통령선거 모두 인터넷이 커다란 영향을 미쳤다.

출판, 신문, 방송으로 대표되는 대량복제에 의존하는 일방적 문화소통이 약화되기 시작하고 인터넷에 의한 쌍방향 문화소통이 주도권을 잡기 시작한 것이다. 1890년대 이후 서적과 신문이 대량복제를 통해 일방적 문화소통으로 문화주도권을 장악한지 100년 만에 일어난 일이다. 문화소통수단이 문화의 판 자체를 바꾼다는 측면에서 고려해보면 2002년은 지난 20세기 초 이후 가장 커다란 문화적 격변기라고 말할 수 있다.

한국에서 지난 40년간에 걸쳐 나타난 세계사적인 압축성장, IMF 사태와 그 여파, 그리고 전세계적으로 가장 빠른 인터넷 보급 등이 이러한 변화를 일으킨 원인이다. 이에 기초해 새로운 세대가 새로운 문화와 함께 빠르게 성장하고 있다.

한국에서도 그동안 문화혁명이 반복적으로 나타났다. 농업혁명이 있었고 종교혁명도 있었다. 예를 들어 청동기시대에 농업과 정착생활을 통한 대대적인 사회적 변화와 정신적 변화가 있었다. 농업을 통한 정착생활 이전에는 사냥과 채집 그리고 화전을 통한 이동생활이 주였다는 점을 고려하면 농업은

야만에서 문명으로의 전환을 상징하는 사건이다. 삼국시대의 불교 도입이나 조선시대에 국교를 유교로 바꾼 것도 문화혁명의 일종이다. 정신세계의 패러다임이 다양한 다신신앙(무교 등)에서 체계화된 위계적 신앙관(불교, 유교)으로 바뀐 것이다.

1880년대에서 1910년대에 이르는 기간은 한국사회의 정신적 충격이 극심했던 시기다. 2천 년간 지속되었던 구술, 문자, 농업에 기반한 문화적 패러다임이 무너져 내리는 기간이었다.

또한 지난 몇 년 사이에 한국에서 나타난 현상도 문화혁명이라고 볼 수 있는 근본적인 변화를 수반하고 있다. 2002년에 나타난 월드컵에의 축제적 참여, 효순이·미선이 촛불시위, 대통령선거운동에의 자발적 참여 등이 모두 이러한 문화혁명 와중에 나타난 사건들이다.

이들의 가장 중요한 특징은 인터넷을 매개로 나타났고 또한 세대적 특성을 띠고 있다는 점이다. 새로운 사회조건에서 생활하고 교육받았으며 새로운 문화소통수단에 의해 무장된 이들이 이전 세대와 다른 문화적 특징을 드러내고 있고 사회가 전반적으로 이러한 방향으로 변해가고 있다는 점에서 이들이 새로운 문화혁명의 선도라고 볼 수 있다.

특히, 새로운 문화를 결집하고 퍼뜨리는 데 결정적인 역할을 하고 있는 것이 인터넷이다. 문화적 측면에서 인터넷의 영향력은 이미 신문과 방송의 영향력을 넘어섰다.

인터넷의 의미를 설명하기 위해 문화소통수단이 무엇이고 각각의 소통수단이 문화에 어떻게 영향을 미치는지 그리고 인터넷이 얼마나 중요한지는 뒤에서 자세히 다루겠다.

우선 간단히 언급하자면 인류의 문화소통수단은 크게 말(입), 문자적 대량복제(출판, 신문), 영상적 대량복제(TV, 영화, 비디오)[3], 디지털에 기반한 넷(인터넷)[4]의 단계를 거쳐 발전해왔다. 새로운 소통수단이 나온다고 히여 이전의 소통수단이 없어지는 것이 아니다. 디지털넷 사회에서도 여전히 제스처, 말, 글쓰기, 서적, TV가 공존하지만 인터넷이 이들을 포괄하면서 주도권을 장악해가고 있다.

이러한 소통수단의 변화에 따라 문화도 각각 직접적 쌍방향소통(구술), 대량복제적 일방향소통(출판, 신문, TV), 유연한 쌍방향소통(인터넷)을 기초로 형성된다. 이는 맥루한(Macluhan)의 '미디어는 마사지다'[5]라는 말에서 잘 드러나고 있다. 그에 따르면 미디어(문화소통수단, 의사소통수단 또는 매체라고 불릴 수 있다) 또는 소통수단 자체가 전달내용을 구성하는 구조적 틀이다. 새로운 소통수단은 판 자체를 바꾼다. 소통의 판 자체가 교체됨으로써 그 안에서 이루어지는 문화소통의 구조와 내용도 판 같이 되는 것이다. 즉, 새로운 소통수단이 주도권을 장악하면 상상과 가치관의 판 같이를 통해 기존의 문화를 혁신적으로 변화시키는 것이다.

한국에서 판 같이의 역할을 인터넷의 출현이 해내고 있다. 물론 이외에도 역사적 경험, 사회적 환경, 기존의 문화체계, 그리고 세력 간의 관계라는 한국 특유의 상황이 같이 작용하고 있기 때문에 이러한 점도 동시에 고려되어야 구체적인 한국 문화혁명의 내용과 과정을 이해할 수 있다. 즉, 인터넷이라는 인류 보편적인 소통수단의 확산과 한국적 상황이라는 특수성이 만나서 한국의 문화혁명을 일으키고 있다.

따라서 현재 한국의 문화혁명은 세계적인 보편성(인터넷)과 한국적 특수성을 동시에 지니고 있다. 보편적인 측면에 있어서 한국은 인터넷에 기반한 문화혁명을 선도하고 있다. 세계 최고의 인터넷 사용률을 매개로 인터넷에 기반한 사회관계 및 문화적 혁신을 가장 앞서서 시도하고 있다. 이 점에 있어서 세계문화혁명의 첨병 역할을 한국이 해내고 있다.

이 책의 구성

이 책은 크게 두 부분으로 나누어져 있다. 앞 부분은 한국에서 일어나는 문화혁명을 설명하고 있다. 후반부는 이러한 변화의 근본적인 배경을 설명하기 위해 각각의 문화소통수단에 따라 문화가 어떻게 달라지는가를 설명하고 있다. 문화소통수단의 변화가 현재의 문화혁명에 얼마나 심각한 영향을 미치는지를 이해하기 위한 부분이다.

세대혁명으로서의 한국문화혁명

생활환경의 세대차이

우리나라에서 현재 일어나고 있는 문화혁명은 세대문화혁명의 성격을 띠고 있다. 앞에서도 언급하였지만 크게 세 가지 때문에 그렇다. 세계사적인 초고속 성장에 따른 생활환경의 변화(1950년대 빈곤, 1960~1970년대 독재적 개발, 1980년대 중진국진입, 1990년대 마이카시대), 역사적 경험(해방, 6.25, 광주 5.18, IMF)의 차이, 그리고 인터넷 사용의 차이가 모두 세대에 따라 다르게 나타나고 있기 때문에 이들이 반영된 상상, 정서, 생각, 이념이 세대마다 다른 것이다.[6] 따라서 이러한 것이 총괄된 문화가 세대마다 급속하게 바뀌는 현상이 나타났다.

먼저, 세계사적으로 유래가 없는 초고속 성장으로 세대마다 커다란 생활환경의 변화가 있었다.[7] 전체적인 흐름을 설명하기 위해 세대를 10살 정도의 단위로 끊어 설명할 수 있을 것이다. 50대 이상은 빈곤이 주도적인 사회적 상황에서 태어나 이를 경험하고 살았다. 이들 중에는 농촌에서 태어나 도시로 진출하여 학교를 졸업한 사람들이 많다. 농촌에서부터 몸에 밴 절약과 근면이 이들 세대의 상징이다. 생애의 대부분을 독재체제에서 보냈기 때문에 독재적 권력행사에 익숙해져 있는 세대이고 권위주의에도 익숙하다. 빠른 경제성장을 경험하여 빠른 성장의 당위성에 익숙하다.

40대는 초·중·고등학교 시절 생활이 계속 개선되었다. 이들 중 일부는 최초의 영상세대로 어렸을 때부터 TV와 영화를 익숙하게 접해온 사람이 많다. 농촌에서 태어난 많은 부모들이 도시로 이주해와 이들은 도시에서 태어난 경우가 많다. 이들은 1970년대 유신독재체제 하에서 대학을 다녔고 제한적이지만 격렬한 시위가 일상적으로 나타났다. 고속성장에 익숙해 있고 고등학교 또는 대학 졸업 후 직장을 구하기가 쉬웠다.

30대는 본격적인 영상세대이고 생활수준이 이전보다 크게 개선된 상황에서 자랐다. 이들 대부분은 태어났을 때부터 TV를 보고 자라온 본격적인 TV세대이다. 이들은 가장 독재적인 전두환정권을 대학에서 경험하였다. 1980년 민주화 운동의 좌절과 1980년대 후반의 대규모 민주화 열풍 속에서 민주화 과정에 참여하고 지켜본 세대이다. 또한 성공적인 민주화를 경험하여 이의 완성을 추구하는 경향을 가지고 있다.

20대는 영상의 세례를 받으면서 자라났다. 대체로 도시에서 태어났고 고등학교나 대학시절부터 PC통신 등 인터넷에 익숙해져 있다. 경제적으로 절대 빈곤이 크게 줄어든, 이전에 비해 상대적으로 넉넉한 상황에서 자랐다. 비교적 욕망충족을 쉽게 이루며 자라, 인내보다 하고 싶은 것을 하는 것이 더 내면화되어 있다. 민주화가 이미 이루어진 다음에 대학을 다녀 민주화 열풍에 직접 참여한 적이 없다. IMF, 제조업의 중국 이전, 급속한 산업변화로 졸업 후 직장 구하기가 어려워졌고 따라서 생존경쟁이 더욱 치열해졌다. 안정된 평생직장의 신화가 무너져 스스로도 평생직장에 대한 기대를 포기하고 있다. 이러한 상황 때문에 다양한 경험에 대한 욕망과 미래에 대한 불안을 동시에 경험하고 있다. 자유에 대한 동경과 경제적 불안정으로 결혼과 육아에 커다란 부담을 느끼고 있다.

10대는 대체로 형제가 한두 명에 불과한 도시가족의 일원으로 가장 넉넉한 상황에서 자라고 있다. 그러나 20대와 함께 장시간의 과외수업에 시달리며 학교를 다니고 있다. 이들에겐 민주화운동에 대한 기억조차 희미하다. 인터넷에 매몰되어 인터넷의 익명성과 솔직성에 익숙해져 있다. 미래에 대한 불안과 생존경쟁이 더욱 치열해지고 있다.

이렇게 급격하게 다른 환경 속에서 자라났기 때문에 세대마다 경험이 크게 다르고 따라서 이러한 경험을 반추하며 형성해온 상상, 감각, 정서, 생각도 크게 다른 것이다. 이러한 초

고속 성장과 변화가 한국을 세계에서 가장 세대차가 큰 사회
로 만들었다.

역사경험의 세대차이

그리고 현대 한국사회에 커다란 충격을 주었던 극적 사건
들에 대한 경험도 세대마다 크게 다르다. 극적인 사건으로
1950년의 6.25, 1980년의 광주 5.18민주화운동, 1997년의
IMF 사태를 들 수 있다. 이들은 직접적으로 남북한 이데올로
기, 미군 주둔, 한국의 민주화, 현 경제상황과 연결되어 있다.
따라서 6.25, 5.18, IMF 사태를 어떻게 경험하였는가는 북한
문제, 미군, 이념, 지역주의를 어떻게 평가하는가와 밀접하게
연결되어 있다.

6.25는 50대 이상에서 직접적인 경험을 통해 충격적으로
각인되어 있다. 대체로 이들에게 북한은 명백한 침략자이고
만행을 저지른 자다. 하지만 그 다음 세대들에게는 6.25가 그
만큼 심각하게 각인되어 있지 않다. 따라서 북한이나 좌우 이
데올로기에 대한 감각이 다르다. 세대를 내려올수록 6.25나
북한의 위협에 대해 심각하게 느끼지 않는 경향이 있다. 이들
은 북한을 적으로 생각하지 않으며, 결과적으로 레드콤플렉스
가 적은 편이다.

직접 6.25를 경험한 사람들은 미군이 한국을 지켜줬으며 미
군 주둔이 북한을 제어하기 위해 필요하다는 생각을 가지고

있지만 20-30대는 미군 주둔이 북한제어와 별 관련이 없고 한국의 주권을 침해하는 측면이 있다고 생각한다.

광주 5.18은 한국민주화 과정의 가장 대표적인 사건이다. 특히 1980년대 대학을 다녔던 세대에게 엄청난 충격을 주었다. 이들은 미국과 군사지배층에 대한 철저한 반감을 길렀다. 미군을 6.25와 연계시키기보다는 광주 5.18과 연계시켜서 이해하는 세대이다. 즉, 미국을 독재정권의 지원세력으로 이해하는 경우가 많다. 10대나 20대에게는 광주 5.18과 관련된 각인이 약한 편이다.

IMF 사태는 기존 고도성장 체제의 정당성을 순식간에 무너뜨렸다. 고도성장 신화에 안주하던 경제체계에 커다란 균열을 가져오며 경제적 불안감이 확산되었다. 이러한 불안감은 현재도 지속되고 있다. 따라서 이를 극복하기 위한 국가, 기업, 지방정부, 학교, 시민단체의 변화와 시도는 물론이고 이에 적응하기 위한 개인들의 다양한 변신과 혼란도 지속되고 있다.

IMF 사태는 현재의 모든 세대가 경험하였지만 이를 헤쳐나가야 할 위치가 각 세대마다 달라 충격도 다르다. 먼저 50대 이상은 나이 때문에 대규모로 퇴직당할 위험을 느꼈다. 또한 한강의 기적이라 불렸던 경제성장의 정당성도 상당히 훼손되었다. 20-30대에게는 기존 체제의 문제점이 한꺼번에 드러난 사건이었다. 30대는 사회 초년병으로서 이전 경제체계를 부정하며 무언가를 획기적으로 바꾸어야 한다는 생각을 더욱 강하게 가졌고 20대에게는 취업이 갑자기 어려워져 취업 자체가 최대의 실존문제로 등장하게 되었다. 20대는 가장 실업률이 높고 불안하게 취직을 걱정하며 대학을 다니는 세대다. IMF 사태의 경험은 앞으로 직장을 구해야하는 20대에게 커다란 좌절을 안겨주었다. 40대는 책임자도 아니고 새로운 세대도 아닌 어정쩡한 위치에서 IMF 사태를 경험하였다. IMF 사태는 1997년과 2002년의 대통령 선거에서 기존의 지배세력이었던 보수파의 패배에 가장 결정적인 역할을 한 경제적 사건이다.

인터넷의 세대차이

또한 디지털넷의 활용이 세대에 따라 엄청난 격차를 보이고 있다. 1997년 이후 IMF 극복의 한 수단으로 벤처강국과 정보화강국을 부르짖으며 인터넷체제를 급속하게 강화시키면서 웹에 기반한 인터넷의 대중화가 급속하게 이루어졌다. 여기에 선도적으로 빨려 들어간 세대가 10대와 20대이다. 점차 30대 이상의 참여가 높아지고 있지만 아직도 인터넷은 10대와 20대가 주도하는 공간이다.

20대는 10대부터 PC통신 등에 참여하였고 대학 시절부터 인터넷사용을 시작한 최초의 인터넷 세대라고 할 수 있다. 10대는 초등학교 시절부터 인터넷에 빠진 본격적인 인터넷 세대다. 정부의 2002년도 정보통신 통계에 따르면 한국의 인터넷 사용자가 2,600만 명을 넘어섰고 이 중 60% 이상이 날마다 이메일을 사용하고 있다. 20대는 86%, 30대는 66.7%, 40대는 38.9%가 네티즌이다. 신문은 안 봐도 인터넷은 사용한다는 것이다.

17세에서 39세까지를 대상으로 한 조사[8]에 따르면 이들은 컴퓨터를 켜면 인터넷부터 접속한다. 이늘 세대 중 90%가 인터넷을 사용하고 80%가 "인터넷 없이는 하루도 살 수 없다"고 대답했다. 인터넷과 TV에 하루 평균 6시간씩을 투자한다. 주중에는 10대와 20대가 인터넷에, 30대가 TV에 집중했고, 주말에는 모두 TV에 더 집중했다.

이들은 물건을 살 때 정보검색을 많이 하고 산다. 또 인터넷 쇼핑몰(e-shoppingmall)을 많이 이용한다. 「2002년 온라인 쇼핑몰 분석」이라는 보고서에 따르면 '다음(Daum)'의 쇼핑몰 방문자 가운데 10대가 29.7%, 19-24세가 21.2%로 24세 이하가 과반수를 차지하고 있다.[9]

네티즌의 43%가 2.39개의 커뮤니티에 가입, 온라인과 오프라인을 넘나들며 동시에 활동하고 있다. 사람들과 연락하고 생각을 교환할 때, 유선전화나 핸드폰 외에도 SMS(Short Message Service), 메신저, 채팅, 이메일, 게시판 등을 사용한다. 정보의 공유를 좋아하고 같은 생각과 취미를 가진 집단끼리 뭉치기를 좋아한다.

위에서 언급한 세 가지 중 인터넷은 문화소통수단이지만, 생활경험이나 사건은 문화소통수단을 통해 매개되는 것들이다. 2002년에 인터넷에 의해 매개된 새로운 사건들이 나타났다. 월드컵 응원, 촛불시위, 대통령선거가 그것이다. 이러한 내용들은 인터넷을 통해 이전과 다른 양상으로 전개되었고 그 결과로 한국적인 문화혁명이 빠르게 진행되고 있다.

즉, 인터넷이 문화혁명을 불러일으키는 수단으로서의 역할을 하지만, 구체적인 내용을 채우면서 문화적 변화를 일으키는 것은 인터넷이 아니라 한국인들이다. 사람들이 인터넷을 통해 사건에 접속하고 행동을 하게 됨으로써 구체적인 문화변화를 일으키는 것이다.

소통수단이 바뀌면 사건이 전개되는 판 자체가 바뀌는 것이다. 소통수단은 사람들이 정보를 얻고 서로 의사와 감정을 교환하고 만나는 방식 자체를 바꾸기 때문에 사건을 인식하고 이해하고 사람을 동원하는 방식을 바꾸어 버린다. 결국 사건과 의미의 생성과 진행과정이 변하는 것이다. 따라서 그 영향이 장기적이고 근본적이다. 역사적 사건과 경험들은 점차 잊혀지고 그 영향력도 약해지지만 인터넷은 더욱 발전하고 광범위하게 사용되어, 앞의 구체적인 사건들보다 훨씬 지속적이고 장기적으로 상상, 사고, 가치관, 생활에 영향을 미치게 된다. 따라서 인터넷이 지니는 의미는 구체적인 사건들보다 훨씬 중요하게 다루어져야 한다.

이를 이해하기 위해 2002년도에 일어난 상징적 사건들에서 인터넷이 얼마나 중요한 역할을 했는지를 살펴보고자 한다.

월드컵, 촛불시위, 대통령선거

새로운 문화혁명

21세기 한국의 문화혁명은 새로운 상상력을 지닌 10-30대로부터 시작되고 있다. 월드컵 응원, 촛불시위, 대통령선거는 이들의 문화혁명이 조직화되고 표출되는 데 중요한 계기가 되었다. 일방적 대량소통체제에서 벗어나 자신들의 독자적인 소통을 가능하게 한 인터넷을 통해 서로 소통하고 확인하고 참여하고 집단화될 수 있었기 때문에 더욱 극적으로 나타나게 된 것이다. 초기부터 대중의 자발적인 참여가 나타났다. 이러한 자발적 참여는 인터넷을 매개로 하여 이루어진 것이다.

제일기획의 보고서[10]에 따르면 월드컵 첫 승, 효순·미선 장갑차 사건, 민주당경선 등이 나타나자 이를 인터넷에서 발의하는 사람이 생기고 여기에 의견개진자들이 늘어나 집단적인 토론이 폭증하면서 다수여론이 합의에 이르게 되었다고 한다. 핵심집단이 등장하면 보다 체계적인 활동이 이루어진다. 각종 정보를 퍼와서 게시하기 때문에 정보의 신속한 공유와 다방면의 검토가 빠르게 이루어진다. 이를 통해 다수에게 확산되고 오프라인 모임이 나타나고 이것이 신문과 TV의 뉴스거리가 되면서 비관심층에게까지 확산된다.

이러한 과정에서 인터넷 쌍방향소통을 거치기 때문에 발신자와 수신자가 모호하며(발신자인 동시에 수신자 역할을 하기 때문이다) 또한 주동층과 추종층이 모호해졌다(동원적이 아니라 처음부터 참여적인 결집이었기 때문이다). 처음부터 정보를 공유하고 토론하기 때문에 발신자와 수신자가 분리되어 있지 않다. 또한 인터넷의 즉시성으로 순식간에 폭발적인 소식의 확산과 토론 그리고 그에 따른 행동이 나타난다.

월드컵

월드컵 응원열기의 주도자는 10-20대다. 이들이 현재 한국의 문화혁명을 가장 먼저 보여주고 있다. 월드컵 열기의 조직화에 인터넷이 아주 중요한 역할을 하였다. 1997년 PC통신을 통해 한국대표팀을 응원하기 위한 '붉은악마'라는 동호회가 조직되어 다음 해 개최된 프랑스 월드컵 응원을 갔다. 그리고 인터넷 덕으로 2002년 월드컵 전에 동호회 회원수가 4만이 넘었고 월드컵이 진행되는 과정에서 20만이나 되는 회원을 확보할 수 있었다.[11] 월드컵 중에도 '인터넷 상에서 모이는 장소를 게시하고 구호나 박수치는 정보를 나누고 휴대전화로 만나는 장소를 그때그때의 상황에 띠라 주고받았다. 응원장을 균형 있게 조정하는 역할까지 상호교류에 의해 만들어졌던 것이다.'[12] 인터넷이 있었기에 보다 빠르고 쉽게 상호소통하면서 월드컵 응원을 주도하고 조직해나갈 수 있었다. 또한 일반 10-20대들도 인터넷 검색을 통해 많은 정보를 찾고 교환하며 응원가를 내려받는 등 날마다 인터넷을 이용하여 월드컵을 더욱 적극적으로 즐길 수 있었다.

월드컵은 한국역사상 가장 강력한 참여열기를 끌어낸 자발적 축제였다. 그러나 월드컵 현상에 대해 이어령 박사처럼 과장된 해석을 하는 사람들이 많다. 『붉은 악마의 문화코드로 읽는 21세기』의 서문에서 그는 "그때(2002년 6월)의 월드컵 – 축제문화코드는 감동과 나눔, 열정과 신바람, 결집과 참여로 한국인이 하나되는 신화였다.…… 붉은 악마는 50여 년 전 6월의 전쟁과의 분단의 문화코드를 완전히 뒤바꾸어 놓은 것이다"라고 쓰고 있다. 우연히 이루어진 붉은악마의 붉은색이나 '꿈★은 이루어진다'에서의 ★이나 화투의 8월광을 통한 응원들을 과잉해석하고 있다. 김지하 씨의 엇박자나 태극, 치우천황 등에 대한 해석도 과장되었다.[13] 별 의미가 없는 부분에 너무 심각한 의미를 부여하고 있는 것이다.

한국인의 신바람이나 신명 때문에 강렬한 월드컵 참여가 나타났다고 주장하는 사람이 많으나[14] 그렇지 않다. 본선 1차 리그에서 계속 졌다면 별다른 열기 없이 끝났을 것이다. 한국에서 월드컵이 다른 나라보다 강렬한 열기를 가능하게 했던 이유는 월드컵의 카니발적 속성[15]과 전복의례(顚覆儀禮)적[16] 내용에서 찾을 수 있다.

장 뒤비뇨(Jean Duvignaud)는 『축제와 문명』[17]에서 유럽의 도시대항 프로축구가 원초적인 축제를 닮아있다고 쓰고 있다. 축구팀을 매개로 초월한 집단성에 스스로 매몰될 수 있기 때문이다. 월드컵에 더욱 타당한 말이다. 나를 넘어선 신성한 집단에 무의식적으로 매몰되면서 집단적 승리에 희열을 느끼는 것이다. 전복의례는 이러한 희열을 폭발적으로 상승시켜준다.

우리는 월드컵 본선에 올라가도 항시 주눅이 들었다. 또 지나하는 불안감에 떨어야 했던 것이다. 비겨서 희망을 가졌다가도 패배해 탈락하면 '그러면 그렇지, 세계와 우리의 실력차가 엄청난데……'라며 좌절감을 맛보아야 했다. 한 번도 이겨본 적이 없었기 때문이다. 과연 이번에는 한 번이라도 이길 수 있을까하고 마음을 졸였다. 더구나 우리가 차린 잔치인데 초장부터 지면 실력도 없는 나라에서 무슨 월드컵을 주최하느냐는 소리를 들을지도 모르는 상황이었다. 그것도 아시아에서 처음으로 개최하는 월드컵에서 말이다.

그러던 팀이 갑자기 이기기 시작하니 누군들 흥분하지 않았겠는가? 더구나 한국인으로서 이렇게 짧은 시간에 신나게 역전해본 경험이 있었던가? 없다. 번번이 1등하는 팀의 국민들도 광장에 나와서 응원할 때 승리하면 신나는데 하물며 본선에서 한 번도 이겨보지 못한 팀이 승승장구하니 얼마나 신나겠는가? 더구나 우리 땅에서 말이다. 신나게 응원하면 할수록 우리 팀의 사기는 높아지고 상대편의 사기는 떨어져서 응원을 열심히 하면 이길 가능성이 높아지니 더욱 신나서 응원하게 된 것이다. 월드컵의 열광은 기본적으로 이러한 꼴찌의 반란에 있다. 국가대표팀이 우리를 대표하고 있기 때문에 우리 모두가 꼴찌에서 4등이 된 셈이다. 그러니 어찌 "대한민국에서 태어난 것이 자랑스럽다"라고 말하지 않을 수 있었겠는가. 더구나 한국 현실은 IMF, 경제악화, 지역주의 그리고 부패로 찌들어 있는 고통받는 상황이 아니었던가? 열광적인 월드컵 응원은 일시적으로나마 이를 홀홀 털어버리기 위한 반란이기도 했다.

또 다른 전복의례는 월드컵 공간에서 학업과 과외수업에 주눅 들고 상하질서와 남녀차별에 주눅 들고 불안한 장래에 주눅 들었던 10-20대의 그리고 여성들이 주도하는 축제가 된 것이다. 억압받는 집단의 상징적 반란인 것이다. 바흐젠(M. Bakhtin)은 카니발의 해방적인 힘을 강조하고 있다. 익명이 가능해진 축제의 광장에서 10-20대가 집단으로 주도권을 장악할 수 있었다. 기존의 문화적 코드인 공부, 경쟁, 성공, 이성을 잠시 전복시킬 수 있었다. 잠시 기존의 권위를 조롱하고 광분을 통해서 평등하게(모두 익명이고 단순히 한국인이라는 것으로 모였으니까) 공유된 희열에 빠져들 수 있었다. 사회의 전복은 아니었지만 기존 권위와 시스템에 대한 조롱을 포함하고 있다. 기존의 교통로를 광장으로 장악했고, 태극기를 옷으로 걸쳐 입었고, 얼굴에 각종 채색을 하였고, 과감한 노출을 했으며, 차위에 올라 고함을 지르며 길거리를 질주하였다. 모두 평상시에 금지되었던 것들이다. 억압당하고 못하게 했던 것을 마음대로 행하는 그야말로 전복의 시간이었고 해방의 시간이었다. 기존 규칙에 대한 조롱의 시간이었다.

이러한 폭발적인 에너지가 상징적 전복을 넘어서 실제적인 규칙과 규범을 파괴하는 상황으로 확산될까봐 걱정한 사람들도 상당하였다. 물론 사회적 불만이 더 심각했거나 한국팀이 웃음거리가 될 정도로 패배했다면 상징적 전복이 실질적인 규칙파괴로까지 진전될 수도 있었다. 광장에서의 실질적인 규칙파괴는 걷잡을 수 없는 전염성을 가지고 있기 때문에 상당히 위험할 수 있다.[18]

그렇지만 대부분의 축제에서처럼 월드컵에서도 사회질서와 관련된 역전과 전복은 상징적 공간, 축제의 공간으로만 한정되었다. 비교적 사회적 불만이 높지 않기 때문이기도 하고 주최국으로서 외국에 좋은 모습을 보여주어야 한다는 생각이 널리 받아들여졌기 때문이다. 그렇지만 기존질서에 대한 의문과 새로운 것을 성취할 수 있다는 자신감이 생겼다. 월드컵 축제 현장에서 당장의 전복은 일어나지 않았지만 그 여파가 특권의식, 지역주의, 상하질서, 권위주의 등 기존 문화체제에 도전하여 지속적으로 전복, 보다 정확하게는 변화를 시도하게 만든 것이다. 문화적으로 지속적인 도전을 자극하게 되었다.

　이러한 전복적 축제과정은 우리의 영혼을 흔들고 일상적인 삶의 무기력을 벗어나게 해 주었다. 특히 10-20대에게 더욱 강렬하였다. 그동안 서구에 주눅 들어왔던 것들이 일시적으로 사라지고 서구를 넘어서는 상상과 환상이 자극되었다. 잠시이지만 상징적으로 우리는 불가능을 가능하게 한 나라였다. 그동안 축적되어온 학교에서의 억압, 취직에 대한 불안, 나라에 대한 불만들을 털어버리고 새로운 초월적(개인을 넘어서는) 에너지를 보충받고 새로운 활력을 지니게 된 것이다. 이렇게 강력한 힘을 월드컵 응원이 발휘할 수 있었던 것은 국가대표팀이 개인을 초월하여 개인을 묶어주는 신성한 사회적 존재로 국가공동체를 인식하도록 만들어주었기 때문이다. ‘대~한민국’이라는 신성한 것을 통해 흥분과 만장일치가 나타난 것이다.[19)]

　물론 이러한 월드컵에 대한 열광은 우리나라의 전통적인 신바람이나 신명이 작용했겠지만 그것은 부차적인 것이다. 한국이 16강에서 탈락하고 일본이 4강까지 올라갔다면 일본이 그러한 열광적인 모습을 보여주었을 것이다. 일본도 별 볼일 없는 팀이었으니까. 이제껏 한국처럼 한 번도 승리하지 못하다가 갑자기 4강까지 올라간 나라는 없었다. 어느 나라에서도 우리나라 학생처럼 억압되어 있는 곳도 없다. 노래방 또는 소풍이나 관광지에서 신나게 노는 신바람보다 더 중요한 것은 꼴찌의 반란이다. 한국팀의 전복적인 성적과 아직도 한국에 남아있는 집단주의적 성향이 한국민이 2천만 장이 넘는 붉은

셔츠를 사서 집에서나 직장에서도 열정적으로 한국팀을 응원하도록 만들었다.

더구나 이번 월드컵에서 붉은악마의 붉은색은 공산당과 아무런 관련이 없다. 운동선수들이 어떤 색깔의 옷을 입던 거기에서 강한 이념적 성향을 느끼는 경우는 드물다. 공산당을 의미하는 붉은색과 스포츠웨어의 붉은색을 누구나 구별할 줄 알기 때문이다. 월드컵에서 한국팀이 갑자기 붉은 옷을 입은 것이 아니라 군사독재가 가장 심했던 시절인 1983년 멕시코에서도 한국청소년 대표팀이 붉은 옷을 입고 4강에 올라 국민이 열광한 적이 있었다. 보안법이 시퍼런 그 당시에 누구도 그것을 공산주의 색깔이라고 시비 걸지 않았다. 빨간색에 여러 상징이 공존했다고 보는 것이 타당하지, 월드컵 때문에 빨간색에서 공산당 상징이 사라졌다고 보는 것은 타당하지 못하다. 사회적 혼란과 좌우대립이 심해지면 다시 빨갱이라는 말은 튀어나올 수 있는 것이다.

월드컵의 응원 열기는 빠르게 사라졌지만 많은 흔적을 남기고 있다. 가장 커다란 것은 국민들의 폭발적인 참여가 가능하다는 것이다. 두 번째는 기존 선진국들을 우리도 넘어설 수 있다는 자신감이다. 이는 젊은 세대에 아주 강력한 흔적을 남겼다. 사람들을 광장에 모으고 같이 참여하는 것을 보다 쉽게 시도할 수 있게 되었다. 그리고 보다 쉽게 그러한 행사에 즐거운 기분으로 참여할 수 있게 되었다. 그 후 넷을 통한 다양한 시도들이 나타나서 성공할 수 있었던 것도 월드컵 응원의 경험과 연관된 것이다.

또한 이전과 비교하여 보다 자신감 있게 서구에 도전할 수 있게 해주었다. IMF를 통해 좌절된 정신적 상처를 상당부분 치유해준 것이다. 지난 100년간 계속되었던 한국인의 주눅이 젊은 세대에서는 그게 약화되었다. 그들이 피 터지도록 불러대는 대~한민국이라는 함성 속에는 100년간의 주눅을 넘어서려는 한이 서려있다. 서구 콤플렉스를 날려 보내려는 염원이 담겨 있었다. 또한 일시적으로나마 아시아적 유대감을 형성하여 한국이 아시아의 일원으로 서구에 대한 주눅을 상징적으로 날려 보내라는 아시아적 한을 표출시키기도 하였다. 한국을 세계 속에 자리매김하여 볼 수 있는 기회를 마련해준 것이다.

촛불시위

촛불시위는 인터넷 매체가 일반 신문방송의 무관심을 뛰어넘어 만들어낸 사건이었다. 인터넷이라는 매개 때문에 일반사람도 특정 사안을 신문방송을 거치지 않아도 사회적 이슈로 만들어낼 수 있음을 보여주었다. 2002년 6월 13일 경기도 양주군에서 미2사단 소속 미군 장갑차가 앞서 가던 여중생 신효순과 심미선을 치어 죽이는 사건이 발생했다. 이전에 미군이 한국인을 살해했을 때 신문방송이나 한국정부가 침묵하였듯이 이번에도 그들은 이를 외면하였다. 특히 월드컵의 열기 때문에 사건은 잊혀지는 듯했다. 그러나 인터넷 매체를 통해 점차 공론화되기 시작하면서 심각한 이슈로 등장하게 되었다. 특히 11월 20일 미군에게 무죄평결을 내리자 국민들의 반발이 폭발하여 결국 개인이 인터넷에 제안한 촛불시위가 전국적으로 확산되는 현상이 나타났다.

인터넷 여론결집을 통해 오프라인에서 사라질 뻔한 사건을 중요 쟁점으로 만드는 데 성공하였다. 사회적으로 인터넷 여론결집이 오프라인을 선도하는 현상이 지속적으로 강화되고 있다. 사이버 토론과 현실공간의 모임을 통해 상호작용하면서 더욱 거대한 바람을 양쪽에서 일으키게 된 것이다.

이러한 현상의 기초적인 흐름은 번개팅이다. 동호회들이 인터넷에서만 모이면 집단적인 유대가 형성되지 않고 실제 누가 채팅에 참가하고 있는지 궁금하기도 하기 때문에 가끔 번개팅을 한다. 이러한 흐름들이 존재하였기 때문에 온라인에서 논의하다가 거대한 군중을 자극하여 광장에 모이도록 하는 '광장팅'이 가능하게 된 것이다. 2004년 3.1절에 전국에서 벌어진 만세운동 등도 이 연장선상에 있다. 사이버공간의 일들이 순간적으로 현실공간의 일로 전이되는 시스템이 갖춰지게 된 것이다.

이러한 인터넷 여론결집이 성공할 수 있었던 것은 미군의 비정상적인 특권과 여기에 대비되는 한국인의 설움을 각종 사진, 글, 상징 등을 통해 보여주어 사람들에게서 공감을 얻을 수 있었기 때문이다. 누가 보나 미군의 장갑차에 한국의 여중생들이 깔려 죽은 것은 명백한 사실이고 이에 대해 적절한 사과와 보상을 하지 않은 것은 부당한 것이었다. 특히 초등학생들과 중학생들의 공감대는 더욱 빠르게 형성되었다. 인터넷에 항시 접속하고 살고 있기 때문이기도 하고 또래의 일이기도 했다. 촛불시위는 이러한 부당한 현실을 고발하는 것이고 궁극적으로 미군의 부당한 특권을 고쳐야 한다는 방향으로 진전되었다.

한국적 민족주의가 중요한 사극요인이었지만 굳이 한국인이 아닌 다른 나라 여중생이 깔려죽었어도 미군에 대한 분노가 인터넷으로 결집되었을 것이다. 미군이 아닌 다른 주둔군이 그러한 일을 했더라도 그들에게 항의하였을 것이다. 인본주의적인 보편적 가치관이 밑에 깔려 있기 때문이다.

따라서 촛불시위가 특별히 반미시위라고 볼 수는 없다.[20] 부당한 행위에 대한 항의였고 따라서 부당하게 일처리하는 미군에 대해 문제를 제기했던 것이다. 미군은 잘못을 사과해야 하고 이러한 부당한 일의 재발을 방지하기 위해 미군의 부당한 특권을 철폐해야 한다는 공감대가 형성된 것이다. 이는 동시에 북한의 위협이 심각하기 때문에 미군에 특권을 부여해야 한다는 보수적 주장을 받아들이지 않고 있는 것이다. 즉, 북한의 위협을 그렇게 심각하지 않게 생각하며 따라서 북한 때문에 군인들이나 미군에 특권을 부여하기를 거부하는 것이다. 안보의 위협에 대한 감각은 50-60대와 10-20대가 크게 차이가 난다. 또한 보편적이고 인본적인 인간중시 가치관을 한국에서도 적용해야 한다고 생각하는 사고와 한국은 남북대립이라는 특수상황에 있어 인본적인 가치를 상당 부분 억압할 수밖에 없다고 보는 사고와의 차이이기도 하다.

촛불시위는 미군이 잘못해서 미선이·효순이가 죽었으니 응당한 책임을 지라는 시위였지만 동시에 미국과 한국의 관계를 다시 생각하게 하는 기회였다. 과연 미군이 우리에게 필요한 존재인지, 미군과 우리의 관계가 왜 평등하게 고쳐지지 못하는지, 그것이 나쁜지 좋은지 나름대로 논의하는 기회를 제공하였다.

그렇다면 왜 촛불을 사용하였을까? 촛불은 비록 힘은 없지만 어둠을 밝힌다. 힘은 없지만 올바른 길을 밝히는 스스로의 정당성에 대한 확인이 내재되어 있는 것으로 생각된다. 평화적으로 시위한다는 의미도 내포하고 있다. 따라서 초등학생들도 중학생들도 편하게 참여할 수 있는 모임이 되었다.

각각의 개인들이 인터넷의 열띤 토론을 통해 이러한 평가와 결정에 이르렀던 것이다. 잘못했음에도 제대로 사과하지 않는 미국에 대한 분노를 표현하고 압력을 넣기 위한 것이었다. 인터넷을 통한 개개인의 평가와 참여결정으로 2002년 11월 30일, 12월 7일, 14일, 21일, 31일의 전국적인 촛불시위가 있었다. 촛불시위에는 특히 10대들이 대규모로 참여하였다. 미국 부시대통령의 공식적인 사과와 불평등한 한미주둔군지위협정(SOFA) 개정을 촉구하는 데 동참하기 위해 스스로 촛불을 들고 나타난 것이다. 시위 모임에 대한 공감과 동참 움직임이 인터넷 사이트를 통해 빠르게 퍼진 결과이다. 이러한 촛불시위는 15개 나라에까지 인터넷을 통해 확산되었다. 인터넷을 통해 계속 정보를 확산하고 공유하였기 때문에 145회가 넘는 촛불시위가 지속된 것이다.

개별 접속자들이 인터넷에서 다양한 아이디어로 참여를 독려하였다. 인터넷 포털사이트 네이버(www.naver.com)의 아이디 'solilana'를 쓰는 네티즌은 "14일에는 7일에 모였던 사람들이 3명씩 더 데리고 오면 좋겠다"고 말했다. 20대의 한 직장 여성도 "우연히 광화문을 지나가다 촛불시위를 보고 감동했다"며 "14일에는 친구들과 함께 평화 시위에 동참할 계획"이라고 말했다.21)

다양한 홈페이지들이 이러한 촛불시위에 동참하고 정보를 제공함으로써 폭발적인 참여와 논의가 이루어질 수 있었다. 인터넷의 중요성을 보여주기 위해 6·13 효순·미선 1주기 추모대회 성사와 한미주둔군지위협정(SOFA)의 개정을 촉구하는 네티즌 기자회견에 동참한 단체 홈페이지의 일부만 기술해도 다음과 같다.

> 4인방(http://4inbang.net)
> 거리의 미술동호회(http://cafe.daum.net/streetart)
> '네티즌의 힘' 사이버 범대위(cyber.antimigun.org)
> 단국대학교 민주동문회 93학번 다음 카페
> (http://cafe.daum.net/dankook93)
> 효순미선추모 카페(http://cafe.daum.net/hsmscafe)
> 반미플래쉬 동호회(http://cafe.daum.net/banmiflash)
> 광화문지킴이(http://cafe.daum.net/jikimikkang)

미군 여중생 살해사건 해결 서울모임
(http://cafe.daum.net/antiusacrime)

경기 북부 대책위(http://cafe.daum.net/antiCRC)

사이버 광주 범대위(http://cafe.daum.net/cybergj)

광화문 시민 특별 수사대(http://cafe.daum.net/antimigun02)

여중생문제해결을 위한 이천모임
(http://cafe.daum.net/ichon2003)

경리회계정보 다음 카페(http://cafe.daum.net/accman)

studio CLAYTIVE(http://www.breezstyle.com)

성남 여중생 추모카페 '탱크라도 구속해'
(http://cafe.daum. net/ninoworkerDIE)

제주통일청년 카페(http://cafe.daum.net/tongil2003)

미선, 효순 추모 하남 모임(http://cafe.daum.net/antiusahanam)

단국대 민중가요 노래패 '노래만세'(http://cafe.daum.net/ajjaoo)

공주교대 일락골 참교육지기(cafe.daum.net/edujyky)

충주 희망 21(http://cafe.daum.net/chungju21)

민주노동당 충북지부 홈페이지(http://chungbuk.kdlp.org)

단국대학교 식품공학과 식품화학연구실 사람들의 모임
(http://cafe.daum.net/chemlab)

자하골 탈인들의 탈방(http://cafe.daum.net/talsaram)

공주대학교 총학생회(http://cafe.daum.net/dangdang19)

　물론 각종 개인들이 자신의 홈페이지나 게시판 등에 올린
글이나 사진도 헤아릴 수 없이 많다. 특히 처참한 여중생의 시

체사진은 인터넷을 접속한 대부분의 사람들에게 분노를 일으켰다. 일일이 사진을 나누어주지 않고 인터넷에 한 장만 올려놔도 사이버 상에서 복제하여 옮겨서 금새 전국에 알려질 수 있게 된 것이다.

많은 홈페이지나 카페들이 메인화면에 2003년 6월 13일에는 (효순이·미선이 1주기 추모대회) 창 또는 배너를 띄웠다. 다양한 집단, 특히 보통사람들의 참여가 눈에 띈다. 이는 일반인들도, 특히 학생들이나 지역모임과 인터넷 카페들도, 미군에 대한 의식이 크게 변해 더 이상 미군을 자유의 수호자로 인식하지 않는 경향이 커졌다는 점을 보여준다. 그리고 개인들도 인터넷을 통한 여론형성으로 거대한 자발적 참여를 이끌어낼 수 있다는 것을 보여준 사건이기도 하다. 물론 미군에 대한 인식의 변화는 미국의 독재정부 지원, 윤금이 사건과 같은 미군의 여러 범죄행위, 그리고 남북정상회담으로 한국에서 전쟁이 일어날 리 없다는 생각 등의 영향을 받은 것이다.

그동안 한국은 국력이 강해졌고 스스로 민주화를 성취했다. 월드컵에서 얻은 자신감도 미군에 대해 보다 대등하고 공정한 관계를 요구하는 데 많은 사람들이 동참하게 만들었을 것이다. 미국에도 글로벌 스탠더드를 요구할 수 있게 된 것이다. 이러한 사건은 또한 50-60대보다 20-30대에게 미국을 보다 심각하게 재평가하도록 하였다. 송호근 교수의 자료에 따르면 20-30대의 미국에 대한 호감도는 1996년에 34.4%였는데 2003년에는 14.1%로 감소하였다. 같은 기간에 50-60대의 미국 호감도는 39.6%에서 40.9%로 변하여 별다른 변화가 없었다.[22] 이는 촛불시위가 주로 젊은 세대에 의해 이루어졌음을 보여준다.

동시에 인터넷 출현 이전과 아주 다른 모습으로 시위가 전개되고 있음을 보여준다. 이전의 시위가 조직을 통한 동원의 성격을 가지고 있다면 이제는 자발적인 참여를 통한 동시다발적인 시위의 성격을 띠고 있다. 순간에 인터넷을 통해 모였다가 사라지는 플래시 몹(flash mob)의 형태이다.

대통령선거

월드컵 경험과 인터넷은 16대 대통령선거에서 자발적 참여와 인터넷을 기조로 한 새로운 선거운동을 선보였다. 앞에서도 말한 바와 같이 영국 「가디언」지가 노무현 대통령을 세계 최초의 넷 대통령이라고 부를 정도로 인터넷의 영향력은 절대적이었다. 이제까지 조직을 통해 사람을 동원하고 돈을 살포해 지지표를 사는 방식으로 이루어진 많은 선거들에 비하여 커다란 변화가 있었다. 노무현을 사랑하는 사람들의 모임(노사모)처럼 자발적인 참여와 축제로 선거운동을 변화시켰다. 인터넷을 적극적으로 사용하여 홈페이지를 구축하고 운영하는 데드는 비용 1억원으로 수천만 명의 접속을 가능하게 하여 선거운동의 새로운 발전가능성을 보여주었다.

노사모의 홈페이지는 하루에 백만 명이 접속하였다. 또한

「오마이뉴스」「프레시안」「서프라이즈」등 인터넷 신문과 다음과 네이버 같은 포털의 대선특집 코너에는 매일 수십만에서 1천만 명이 접속하였다. 이슈가 제기되면 시간당 1천 건이 넘는 글이 올라오고 리플이 꼬리를 물었다. 대규모 쌍방향 정치토론이 진행된 셈이다.[23] 대통령선거가 끝나고 「오마이뉴스」는 "언론권력 교체되다.…… 인터넷과 네티즌이 조중동을 이겼다"라는 해설기사를 내보냈다. 인터넷의 다양한 정보와 의견교환을 통해 종이신문의 "의제나 논조에 지배되지 않게 됐기 때문"이다.[24]

이제 인터넷과 이를 통한 자발적 참여가 선거운동의 핵심으로 정착하게 되었다. 이에 자극받아 2004년 국회의원선거에서도 보다 재미있고 다양한 홈페이지와 인터넷을 통한 선거운동이 크게 확산되고 있다. 선거운동도 자발성과 참여에 크게 의존하게 된 것이다. 2002년 대통령선거는 앞으로 나타날 인터넷 선거혁명의 예고편이었다.

세대별 인터넷 사용률 차이를 반영하듯 대통령 후보에 대한 지지율에 있어서 세대 사이의 격차는 뚜렷하였다. 40대에서는 백중세였으며 50-60대는 이회창 후보를 노무현 후보보다 1.5배 더 지지하고, 20-30대는 노무현 후보를 이회창 후보보다 약 2배를 더 지지하였다. 이회창 후보가 50대 이상의 지지를 많이 받은 것은 대체로 그의 경력과 능력에 기초한 사회적 안정을 선택했기 때문으로 보인다. 이에 비해 노무현 후보가 젊은층에서 많은 지지를 얻은 이유는 무언가 기존 체제를 바꾸어야 한다고 생각했기 때문이다. 특히 특권, 부정부패, 지역갈등 등을 해소하여 정상적인 대한민국을 만들어달라는 의미일 것이다. 30대에서 그러한 특징이 가장 강하였다.

더구나 여당 후보가 도전 후보처럼 된 것은 여당자체가 집권한지 5년에 불과하였고 노무현 후보가 여당 내의 소수파에 도전자였던 것에 반하여 이회창 후보는 기성질서를 대표하는 엘리트로 1997년까지 만년 여당이었던 당의 후보였기 때문이다. 그러다 보니 야당 후보인 이회창 후보가 변화보다 안정을 선거구호로 삼는 지경에까지 이르렀다.

세대별 대통령 후보 지지율 차이

	이회창	노무현
20대	31.7%	62.1%
30대	33.9%	59.3%
40대	48.0%	47.8%
50대 이상	58.3%	39.8%

(미디어리서치 출구조사 자료, 조중빈, 2003, 「16대 대통령선거와 세대」에서 재인용)

이전부터 20대는 변화와 젊음을 더 추구하였다. 만년 여당이었던 한나라당 후보보다는 타당 후보에 더 많은 표를 주었다. 이번 대통령선거에서도 박근혜, 정몽준, 노무현으로 상당한 수가 이동하는 현상이 나타났다. 지난 14-16대 대통령선거 과정에서 보수적인 정주영, 박찬종, 이인제, 박근혜, 정몽준이 상당한 지지를 유지하고 있었던 것을 보면 20대가 진보적이라기보다는 기존 지배층 자체를 바꾸려는 성향을 보여주고 있다.

따라서 이들이 이념적으로 특별히 친노동자라거나 진보적이라
기보다는 기성정치인에 대한 불만이 많은 것으로 해석할 수
있다. 따라서 20-30대의 기존질서에 대한 반대가 늘었다기 보
다는 15대까지는 여러 후보에 분산되었던 표가 16대 대선에서
는 한 후보(노무현 후보)로 집중하게 된 것으로 보인다.

지난 대통령선거의 세대별 득표율

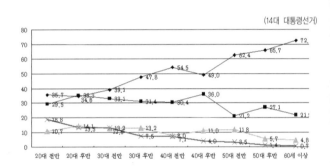

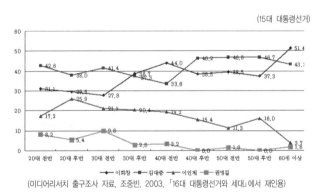

(미디어리서치 출구조사 자료, 조중빈, 2003, 「16대 대통령선거와 세대」에서 재인용)

정몽준이 사퇴하자 그 표가 대체로 이회창 후보보다는 노무현 후보로 옮아갔다. 50-60대는 대체로 과거와 같이 투표했는데 과거의 대선에서 박찬종, 정주영, 이인제 후보를 찍었던 20-30대가 이번에 박근혜, 정몽준 등을 옮겨 다니다가 결국 노무현 후보에 집중되었다. 따라서 세대변수가 새롭게 등장했다기보다는 이전부터 있었는데 이번에 한 후보에 집중하게 되어 보다 극명하게 드러난 것으로 볼 수 있다.

15, 16대 대선의 선거결과를 평면적으로 비교해보면 15대에서 이인제 후보에 찍었던 50-60대의 표는 16대에서는 이회창 후보에게로 가고 이인제 후보에 찍었던 젊은 세대의 표는 노무현 후보에게 간 것으로 보인다. 인터넷과 핸드폰의 유연한 쌍방향소통이 20-30대의 노무현 후보에의 결집도를 높여 노무현 후보가 대통령에 당선되는 데 결정적인 기여를 하였다.

또한 2002년 대통령선거는 한국이 본격적으로 영상세대와 인터넷세대로 주도권이 넘어가고 있음을 보여준다. 한국에서 영상세대로 자라난 세대는 1960년대 이후 출생자들이다. 그 당시의 도시인구는 대부분 영상형 인간으로 자랐다. 10-20대에 이어 30대가 가장 적극적인 인터넷 사용자다. 이들이 한국의 인터넷공간을 주도하고 있다. 앞에서 언급했듯이 20대는 인터넷에 의존하는 세대이고 따라서 열린 소통을 지향하기 때문에 다른 세대보다 권위주의에 대해 거부감이 강하다. 그렇지만 민주화운동 등의 각인이 없고 개인주의화되어 개인의 즐거움을 더 중시하기 때문에 국가나 민주와 같은 거대담론에 대해, 다른 세대와 비교하여, 관심이 약한 편이다.

또한 좌우이념대결에 별다른 관심을 가지지 않는 세대이다. 20-30대의 높은 북한 호감도가 한 증표이다. 20-30대의 북한 호감도가 1996년 21.9%에서 2003년 43.4%로 증가하였지만 50-60대의 북한 호감도는 1996년 15.3%에서 2003년도 16.1%로 변했을 따름이다.[25]

이념적 성향이 불투명한 20대가 비교적 진보적 색채를 지닌 30대의 노무현 지지층과 연대를 형성한 셈이다. 이러한 연대가 가능했던 것은 우선 이들이 처음부터 기존 지배체제의 변화를 원하였고, 정몽준과 박근혜 등의 대안 후보가 사라졌으며 노무현의 서민적 면모와 노사모와 희망돼지 등의 참여적 선거운동이 감성과 인터넷을 매개로 20대를 흡인해낸 것으로 보인다. 물론 개인주의와 탈이념적인 성향을 가지고 있기 때문에 이들의 선거 참여율은 47.5%로 아주 낮았다.

이번 선거의 결과는 인터넷 등 디지털 기기로 무장하며 이전과 다른 새로운 의식과 행동을 보여온 20-30대의 거대한 진군이었다. 이들은 한 후보에 결집하여 대세를 바꿨다. 이제 이들 세대를 대변하는 집단과 기성세대의 대변집단이 충돌하고 타협하며 새로운 시스템을 만들어 가는 과정이 현재 한국의 가장 중요한 문화적 흐름을 형성하고 있다.

한국 문화혁명의 특징

   제일기획의 보고서[26]에 따르면 17살에서 39살까지의 세대가 참여, 열정, 힘(가능성)을 기본 속성으로 하고 있다고 주장하고 있다. 이들은 온라인과 오프라인을 넘나들며 다양한 의견을 자유롭게 표출하고 공유하려 하며, 축제를 통한 광장문화와 결집을 보여주었고 자유롭고 창의적인 의식과 행동으로 고정관념과 금기를 무너뜨리고 있다.

   특히 20대인 사회적 의견선도집단(13.4%)은 혁신적, 감성적 성향을 갖고 있고, 인터넷 정보 발신자로 사회적 의견을 선도하고 있다. 25-34세의 전문직, 사무직에 많은 이 층(10.4%)은 정치적 의식화 집단으로 인터넷을 정보발신보다는 정보획득 도구로 사용하며 신중함과 이성적 성향을 가지고 있다. 17-24

세에 집중되는 행동층(26.6%)은 적극적이고 감성적 성향을 갖고 있으나 사회보다는 자신의 소비와 생활을 즐기는 집단이다. 30대, 주부, 직장인에 많은 추종자형(49.6%)은 소극적이고 수동적이며 개인적 가치에 관심이 많다.

다음에 정리한 내용은 여러 우여곡절을 겪었지만 앞으로 한국의 전반적인 흐름이 이러한 방향으로 갈 거라는 점을 보여주는 것이다. 이러한 특징들은 앞에서 누누이 이야기했듯이 인터넷의 유연한 쌍방향소통이라는 속성이 한국의 현재 상황과 상호작용하면서 나타난 것들이다.

정상사회에 대한 열망

새로운 문화혁명의 특징은 정상사회에 대한 추구다. 민주화운동과 IMF 사태는 기존 문화틀과 제도에 대한 그리고 기존 주도세력에 대한 정당성을 몰락시켰다. 기존의 모습은 잘못된 것이어서 무언가 새로운 것으로 바꾸어야 한다는 것이다. 물론 기성세대도 각종 특권, 지역주의, 권위주의, 상하질서, 성차별, 학벌주의, 정경유착, 부패를 바꾸자는 데 동의한다. 그렇지만 말로만 그런 경우가 많다.

젊을수록 기존 관습이나 기성세대의 권위에 얽매이는 것을 싫어하고 사회변화를 추구하며 여건이 어려울지라도 옳다고 생각하면, 주저 없이 행동한다. 자신들의 삶을 기성세대처럼 살고 싶지 않은 것이다. 자신들이 정상적으로 활동할 수 있는 정상사회를 요구하는 것이다. 우리사회가 정도(正道)의 방향으로 개혁되길 원하고 있는 것이다. 그것이 좌파든 우파든 크게 개의치 않는다. 좌파나 우파로의 방향보다 우선 부당한 특권과 차별을 없애고 공정한 사회를 이룩하길 원하는 것으로 보인다.

특권의 거부는 촛불시위나 대통령선거에서 잘 나타났다. 미국의 특권에 의존하는 미군의 공정하지 못한 행태를 비판하는 것이 촛불시위였다. 서울광화문의 2002년 12월 14일에는 "무엇이 옳고 그른지는 우리도 알아요"라는 띠를 두른 개까지 나타났다. 공정하고 정상적인 것을 누구나 안다는 메시지였다. 기존 엘리트에의 회귀를 거부한 것이 이번 대통령선거였다. 기존 엘리트는 정당한 엘리트라기보다는 특권적 엘리트라는 것이다. 특히 연줄, 지연, 학벌, 나이, 성에 따른 부당한 특권을 거부하는 메시지였다. 차이는 인정하지만 부당한 차별과 특권이 싫다는 것이다. 이번 선거과정에서는 아들 병역문제, 빌라, 손녀의 외국출산 등으로 특권 엘리트로 보인 이회창 후보가 특권철폐를 원하는 20-30대의 표를 제대로 공략하기 어려웠다.

지역주의는 지역연고에 특권을 주는 것이다. 잘못이라 생각하기 때문에 누구나 이를 비판한다. 그러나 그것이 말로만 그런지 실제 행동으로 하는지는 또 다른 차원이다. 전체적으로 20-30대의 지역주의는 50-60대에 비하여 약하며, 또한 스스로 지역주의를 벗어나려 많은 고민을 하는 것으로 보인다.[27]

서울대 송호근 교수[28]는 IMF 후 오히려 권위주의가 증가하였다고 분석하고 있다. 그러나 권위주의가 증가해서라기보다는 오히려 권위주의에 비판적이 되어 이 사회가 권위적이라고 대답한 사람이 늘어난 것은 아닐까? 즉, 20대에서 권위주의적이라는 지적이 높게 나온 것은 권위주의가 증가해서라기보다는 이들이 권위주의에 더 예민하기 때문일 가능성이 크다.

시민들은 정치인의 부정부패에 대해 신물이 날 정도다. 물론 기성세대도 부정부패를 없애야 한다고 생각하지만 사회체제에 아직 참여하지 않은 세대만큼은 아니다. 특히 정치자금 문제는 한국의 모든 정치인을 범죄인으로 만들 수 있을 정도로 심각한 문제다. 이에 대한 정상화는 모든 국민의 염원이다. 그러나 누가 더 적극적으로 그렇게 하기를 원할까? 20-30대였다. 20-30세대는 정치개혁을, 40대 이상은 지역주의 청산을 우선 추진해야할 정치과제로 지적하고 있다.29)

각종 특권이나 잘못이 인터넷을 통해 자주 고발당하고 있다. 특권층이나 상사들이 이전에 비해 훨씬 투명하게 일을 진행하고 긴장해야 하는 상황이 되었다. 사회적 특권에 대한 지속적인 공격이 인터넷을 통해 떠돌며 많은 사람들을 자극하고 있다. 기존 질서를 벗어난 의사소통체계를 통해 기성세대와 다른 생각의 토론과 공유가 가능해진 것이다.

근면에서 즐거움으로

영상세대의 출현과 함께 오감을 만족시키는 즐거움이 부상하여 왔다. 삶의 핵심 의미가 근면과 사회적 인정에서 점차 개인의 즐거움으로 이동하고 있다. 갈수록 자신의 의미충족이 공적 명예의 추구보다 더 가치 있는 일이라는 생각이 확산되고 있다. 상품생산량이 많아져 소비가 늘면서 자신의 취향대로 사는 것에 점점 더 커다란 의미를 부여하고 있다.

월드컵 선풍을 일으켰던 히딩크 감독은 즐기는 축구를 해야 한다고 하였다. 자기가 재미있어야 정말 실력이 는다고 했다. 우리나라 초등학교 축구는 이기는 축구만 한다. 그러다 보니 장기적인 실력향상이 잘 안 된다. 학교의 공부도 계속 암기하는 식이다. 그러다 보니 자신이 좋아서 깊이 들어가는 분야가 없다. 만물박사지만 쉽게 싫증을 느낀다. 고등학교까지 세계 최고 수준의 학력을 자랑하던 학생들이 대학교를 졸업하면 세계 수준에서 크게 뒤처진다. 재미없어도 하는 것은 장기적인 집중이 불가능하다. 강압에 의한 단기적인 승부에 익숙해 있던 관습에 점진적인 변화가 나타나고 있다.

재미있어야 한다는 것이다. 자신이 즐거워야 한다는 생각이 늘어나고 있다. 대중매체와 넷은 정보보다는 오락을 위해 이용한다. 노무현 대통령 후보의 민주당 홈페이지가 각종 게임과 오락거리로 젊은층의 취향을 잘 맞추었다면 한나라당 홈페이지는 그렇지 못했다. 이러한 스타일 하나하나가 홈페이지의 접속자 수에서 차이를 만든다.

이는 이전보다 감성의 중요성이 더 높아졌다는 뜻이다. 이러한 변화는 책과 신문에서 TV와 인터넷으로 문화소통의 중심이 옮아가고, 경제적 중심이 점차 생산에서 문화로 이전하고 있는 현상과 연계되어 있다. 영상매체를 통해 소비위주의 훈련을 받게 된다. 욕망충족도 중요한 일이라는 쪽으로 생각하게 되는 것이다. 자신을 억압하는 것이, 이전의 말로 표현하면 인내하는 것이 줄어든다. 자신의 의사를 억압하지 않고 표현한다. 그러다 보니 현재가 미래보다 중요하고 쉽게 결정하고 빠르게 행동한다.

물론 이러한 변화로 이성이 사라진다는 것이 아니라 이전에 비해서 이성을 덜 중요시한다는 뜻이다. 대신 이전보다 감성을 더 중요시하게 되었다. 따라서 옳고 그른 것도 고려하지만 자신의 느낌에 어떻게 다가왔는가를 이전보다 중요시한다. 선악도 고려하지만 호(好)·불호(不好)의 정서적 판단도 중요한 역할을 한다. 감성의 중요성도 고려하여 자신 나름대로 합리적인 판단을 내린다.

인터넷은 인쇄매체보다 다양한 내용과 동영상을 재미있게 제공할 수 있다. 재미에 기초한 매력으로 점차 인터넷 매체들이 인쇄매체보다 더 많은 방문객을 확보하고 있다. 더구나 자신의 의견을 남길 수 있고 하이퍼텍스트나 검색을 통해 훨씬 다양하고 심층적인 정보나 내용에 접할 수 있는 것이다.

인터넷은 또한 각종 표현을 보다 쉽게 하고 보다 솔직한 소통이 이루어지게 한다. 보다 자유롭고 개방적으로 서로 편하게 만나는 공간을 인터넷이 무한대로 마련해준다. 익명이나 실명으로 누구를 고발하거나 각종 비판을 할 수도 있다. 욕설과 거짓정보에 의해 많은 문제도 생기지만 수많은 사람이 접속하고 의견을 제시하고 감시할 수 있기 때문에 인터넷은 사회의 개방성과 투명성을 증대시켜준다.

자발성과 참여의 문화

권위적 강요보다 서로 댓글을 달며 논쟁하면서 설득하는 토론의 장이 우후죽순처럼 퍼지고 있다. 자발적 참여에 의한 여론형성이 유연한 쌍방향 의사소통수단 때문에 가능하게 된 것이다. 또한 언제든지 공론장에서 철수하면 되기 때문에 인터넷에서는 억압을 하거나 상하질서를 만들기가 어렵다. 인터넷 네트워크를 통해 연결되어 있으며 자신이 원하지 않으면 채팅에서 그냥 빠져 나오면 그만이다. 월드컵, 촛불시위, 대통령선거 등이 이러한 자발적인 여론형성의 과정을 거쳐 폭발적인 호응을 끌어낸 예들이다.

인터넷을 매개로 자발적 참여에 의해 거대한 흐름을 만들어내는 것을 경험함으로써 정치적 능동성을 일깨우게 되었다. 자신의 행동이 세상을 바꿀 수 있다는 생각이 더욱 커진 것이다. 조중빈 교수의 논문(「16대 대선과 세대」, 세미나 발표문)은 자신의 한 표가 영향력이 있는지에 대한 조사에서 세대가 젊을수록 더욱 그렇다고 대답하고 있음을 보여준다. 20대가 83%내지 88%정도 되는데 50대 이상은 77% 내지 84%정도를 보여주고 있다.

실제 노사모, 국민경선, 희망돼지는 일반 시민의 참여가 대통령도 만들어낼 수 있음을 보여주었다. 몇 명의 노력으로 국민 모두가 참여하는 월드컵 응원열기를 만들어갔고, 한 명의 제안이 전국을 뒤덮는 촛불시위로 발전하였다. 개인이 인터넷과 자발적 참여를 매개로 거대한 흐름을 형성하던 순간들이었다.

이러한 자발성은 동원되는 군중이 아니라 각종 정보를 검색하고 토론하여 공감하기 때문에 나타나는 것이다. 즉, 이슈를 제기하고 이를 중심으로 쌍방향 토론을 하여 공감대를 형성하며 참여자를 늘려나간다. 이에 따라 개인도 이전에 비해 더 큰 발언권을 행사할 수 있게 되었다. 전반적인 권력의 분절화와 분권화가 진행되고 있다.

권력의 측면에서 이전에 비해 서로 더욱 평등해지는 방향으로 나가고 있다. 참여와 탈퇴가 자유롭기 때문에 힘으로 묶어둘 수가 없다. 쌍방향 매체이기 때문에 상대방도 항시 발언 기회를 가지고 있고 반박을 할 수도 있다. 물론 그렇다고 해서 불평등이 다 해소되는 것은 아니지만 이전에 비해 수평적 권력 네트워크가 형성된다.

이러한 현상은 오프라인에도 영향을 미치고 있다. 월드컵, 촛불시위, 대선 이후 시민단체에 참여하는 사람의 수가 늘어났다. 그만큼 직접 참여하여 행동하고자 하는 욕구가 많아졌다는 뜻이다. 각종 인터넷 신문이나 토론카페도 크게 늘어나고 있다. 이제 온라인과 오프라인의 구분도 뚜렷하지 않을 정도로 서로 연계되어 있다.

이러한 자발적이고 유동적인 네트워크 덕분에 견고한 조직과 단결성은 크게 약해지고 있다. 일시적 연계와 일시적 군중이 형성되었다가 해소된다. 그때그때 필요한 이슈나 연계를 위해 신속한 대응이 필요하다. 관심사도 수시로 변할 수 있다. 관심사에 따라 그때그때 필요한 곳에 접속한다. 네트워크형 유동성이 자발적 참여와 결부되어 새로운 사회작동 시스템이 등장하고 있다.

새로운 개인주의

인터넷 네트워크의 중심에는 자신이 있다. 자신을 매개로 자신의 네트워크가 형성된다. 온라인에 비해 오프라인에서 사람을 접촉하는 시간과 이슈가 줄어드는 경향이 있다. 자신의 삶에 직접적인 영향이 없는 이슈에는 관심이 낮은 편이다. 간섭받기를 싫어하고 자신의 개성을 지키려 한다. 각자 다양한 의견과 콘텐츠를 가질 수 있다고 생각한다. 온라인은 접속하고 의견을 남기고 나와 버리면 된다. 맘에 들면 오프라인 모임으로 발전할 수도 있다.

20-40대의 평등하고 공정한 개인주의적 사고와 행태가 더욱 확산될 것이다. 그러나 이러한 개인주의는 서구의 근대적 개인주의와는 다르다. 서구의 개인주의는 신 앞에서 평등하다는 관념에서 출발하였고, 프라이버시로 무장되어 있다. 그러

나 한국형 인터넷 개인주의는 인터넷상으로 공유하면서도 자신의 개인성을 지키려는 개인주의다.

자신의 경험과 정보를 공유한다. 먼저 경험해본 것을 인터넷에 올린다. 외국에 여행을 가서도, 어떤 물건을 써보고도, 어떤 일을 해보고, 또는 어떤 생각이 나서 인터넷에 올린다. 게시판이나 댓글을 통해 서로 인터넷에서 대화하고 공유한다. 한국의 공유적인 특성이 선진국보다 강하다. 인터넷을 통한 새로운 한국형 공유문화를 만들어내고 있는 것이다. 다시 말하면 오프라인의 개인주의가 온라인의 공유문화와 함께 진전하고 있다.

인터넷상의 공유문화가 개인주의와 모순되는 것이 아니다. 더욱 새롭고 창의적인 것을 과시하는 수단이 될 수도 있다. 공유하는 것이 불편하면 다시 철수하면 된다. 따라서 이제까지와는 성격을 달리하는 개인주의가 나타나고 있다.

세대교체

세대교체는 상당기간 지속될 것이다. 인터넷으로 무장한 또는 그러한 사람들을 다룰 수 있는 사람으로의 세대교체가 모든 영역에서 계속될 것이다. 이는 문자가 출현하면서 문자를 모르는 지도자나 귀족들이 어려움을 당한 것과 마찬가지이다. 인터넷을 모르고는 새로운 사회에서 적절히 대처하기가 더욱 힘들어지기 때문이다.

물론 이러한 현상이 단기간에 **빠르게** 나타나고 있기 때문에 물리적인 나이를 기준으로 한 세대와 중복되어 있다. 따라서 내용적으로는 인터넷과 세대경험과 관련되어 있지만, 외형적으로는 물리적인 나이를 기준으로 한 세대교체 압력이 지속적으로 나타나리라고 생각된다.

이미 관청이나 회사에서 개인에 이르기까지 모두 넷에 연결되어 있다. 이러한 상황에서 인터넷을 모르고 효율적으로 업무를 처리하는 것은 무리다. 단순한 소통수단에 불과하지만 인터넷은 새로운 시대정신, 새로운 상상, 새로운 사고를 요구하고 있다.

이러한 변화가 역전될 가능성은 없다. 인터넷은 더욱 일상화되기 때문이다. 인터넷을 매개로 한 아비투스(몸에 배어버린 습관 또는 습속)나 상상력이 부족한 사람은 인터넷 사회에서 효율성을 발휘하기 힘들기 때문이다. 인터넷 아비투스와 상상력을 지닌 세대는 점점 더 사회의 주력이 되고 그렇지 않은 세대는 점점 더 도태될 수밖에 없는 상황이다.

사회가 대부분 인터넷으로 연결되고 나면 이제 이들 세대 사이에서의 이념분화 등이 가속화될 것이다. 한국이 인터넷화의 세계적인 첨단에 있기 때문에 앞으로 한국에서 인터넷 세대들이 어떻게 분화될지를 보여주는 선진국의 사례는 없다. 국제교류가 많아지고 국제인력의 이동이 많아지기 때문에 한국도 다민족 사회로 변할 가능성이 높다. 인터넷화가 완성되며 국가의 경계는 의미가 없어지고[30] 세계적인 연대와 국가를 넘어선 계층적·민족적 분화가 부각될 것이다.

현재의 세대혁명은 빠른 사회변화에 따른 세대격차의 확대 때문에 나타난 과도기적 현상일 것으로 생각된다. 어느 정도 변화가 완성되고 나면 세대적 격차는 줄어들고 따라서 세대적 갈등도 줄어들 것으로 보인다.

사회적 의제의 인터넷 주도권 형성

2002년 12월 14일 밤, 정몽준 씨가 노무현 후보의 지지를 철회했을 때, 다음 날 아침 신문이 배포되기 전에 이미 수백만 명 이상의 사람들이 사태를 파악하고 이에 대한 정보를 전국적으로 공유하고 있었다. 문제 있는 신문기사가 나오면 그 기사에 대한 각종 점검 및 해부는 그 기사가 나온 지 몇 시간이면 이루어져 인터넷 홈페이지 등에 널리 퍼뜨려진다.

이러한 신속한 네티즌 사이의 정보유통과 의견교환은 신문방송의 일방적인 소통주도권을 무너뜨리고 있다. 월드컵, 촛불시위, 대통령선거에서 인터넷 언론, 각종 포털사이트, 인터넷 커뮤니티, 각종 토론방 등은 새로운 사회적 의제를 설정하고 여론을 형성하는 능력을 보여주었다.

10-20대들이 신문은 안 읽지만 인터넷에 있는 각종 정보로 필요한 이슈에 대해서는 신문독자보다 훨씬 세세히 다양한 측면까지 알게 된다. 엄청난 수가 참여해 신문방송을 뛰어넘는 정보를 양산해내기 때문에 정보의 질과 양에 있어서 인터넷을

당해낼 수 없다. 물론 오도된 정보도 많기 때문에 질이 저하될 수 있지만 다수의 토론을 통해 공론을 형성해 간다.

이슈가 되면 전파력이 엄청나게 빠르다. 논란이 될만한 기사나 글을 퍼다가 각종 인터넷 사이트를 도배하기 때문이다. 메신저, 이메일, 휴대전화, 문자메시지를 통해 1시간 내에 수십만이나 수백만 명에게 전달될 수 있다. 평범한 네티즌 한 명이 한 언론사 게시판에 제안한 촛불시위는 불과 1개월 만에 수만 명이 참여하는 대규모 집회가 되었다.[31]

신문이 평상시의 의제설정을 주도하더라도 특별한 이슈가 생기면 갑자기 결집된 토론과 공유가 전개되어 20-30대의 의제설정을 인터넷에서 주도하는 현상이 나타나고 있다. 갈수록 인터넷이 더욱 강한 의제설정 주도권을 가지게 된다. 따라서 사회적 상상이나 분위기 또는 방향도 갈수록 인터넷에 의해 주도될 것이다.

문화소통 수단과 구술문화혁명

문화소통수단이란?

먼저 정보화사회 또는 정보사회라는 말로부터 시작해보자. 흔히 컴퓨터에 의하여 대대적으로 정보를 유통하고 소통하기 때문에 이러한 사회를 표현할 때 정보사회라는 단어를 많이 사용하고 있다. 정보라는 말이 너무 보편적인 단어라 현 사회에만 적용하기에는 한계가 있다고 생각한다. 컴퓨터가 정보기술로 시작하였지만 이제 인터넷이 일상화되면서 넷이 점차 정보적 속성보다 문화적 속성을 띠고 있다.

정보라는 말은 데이터나 지식을 주로 지칭한다. 그런데 출판물, TV, 인터넷 등은 정보만 매개하는 소통수단이 아니다. 갈수록 상상적(가령 판타지, 소설, 게임 등), 심미적(박물관자료나 각종 미술이나 사진 등), 놀이적(게임, 도박 등), 쾌락적(포르노 등), 사교적(채팅, 동호회 등) 소통이 중요해지고 있다. 이들은 정보라는 말보다는 문화라는 말로 표현하는 것이 더 좋다.

나는 이러한 다양한 내용의 소통과 그 결과에 나타나는 정보, 지식, 사고, 의미, 재미, 쾌락, 정서, 상징의 공유와 변화현상을 이해하기 위해 문화소통수단이라는 말을 사용하고자 한다. 문화소통수단은 크게 네 차원의 문화내용을 전달한다. 물론 이들은 혼합되어 있지만 이론적으로 다음과 같이 구분할 수 있다.

사실적 내용

현황, 자료, 소식 그리고 이들을 어느 정도 가공한 정보 또는 지식으로 주로 자료적·정보적·지식적 내용을 다루며 보통 정보라는 말로 포괄할 수 있다. 넓은 의미의 문화(정신적 내용의 총체)에는 이러한 정보적인 내용도 포함된다.

가치적 내용

생각, 판단, 가치관으로 사상적·의미적·가치관적 내용을 다루며 보통 생각이나 가치라는 말로 표현할 수 있다.

정서적 내용

상상, 미, 즐거움, 재미, 오락, 쾌락, 선호, 증오 등의 정서적·놀이적·감정적 내용을 내포하는 것으로 예술, 놀이 또는 좁은 의미의 문화라는 말로 표현되는 것들이다.

소통 자체

내용과 상관없이 소통한다는 것 자체에서 서로 유대가 강화된다. 이 부분에서는 내용전달보다는 서로 의사소통을 하고 있다는 것 자체가 중요한 의미를 지닌다. 물론 사실적 내용이나 정서적 내용을 교류하는 과정에서도 이러한 효과가 나타날 수 있다.

구술(입), 인쇄물(책과 신문), TV나 영화, 넷과 같은 새로운 소통수단의 등장은 인류의 정신적 작동원리, 즉 문화의 형성원리를 근본적으로 바꾸어 놓는다. 이들은 정보뿐만 아니라 상상, 미, 정서, 의미, 재미 등을 소통하는 방식을 바꿈으로써 우리가 세상을 상상하고 인식하고 평가하고 받아들이고 놀고 공감하는 방식을 통째로 바꾸어 놓는다. 문화의 요소들인 생각, 사고, 신화, 가치, 지향, 정보, 윤리, 세계관, 상상 그리고 경험을 새로운 방식으로 소통하고 느끼고 체험하도록 한다. 간접경험과 직접경험의 방식을 근본적으로 바꾸어 놓는 것이다.

각 수단마다 소통방법과 범위 그리고 양이 근본적으로 다르다. 말은 쌍방향으로 소수끼리 소통하지만, 출판과 방송은 일방적인 대량소통이 이루어진다. 넷에서는 쌍방향소통이 대량 또는 소량으로 이루어질 수 있다. 넷은 이전의 모든 것을 포괄하는 가장 유연한 소통수단이다.

문화소통수단은 또한 문화소통의 범위를 정한다. 말로 아무리 크게 떠들어도 몇백 명에게 동시에 전달하기 힘들지만 출판물을 통해서는 수백만, 수천만 명에게 동일한 내용을 읽게 할 수 있다. 넷은 하루에 수백 번이라도 수백, 수천만 명에게 내용을 전달할 수 있다. 결정적으로 넷은 엄청난 속도로 지구 반대편까지 전달되어 시·공간적 제약을 뛰어넘고 있다. 그 결과 말에만 의존하는 사회는 국가 이전의 조그만 사회로 그치는 데 비하여 말과 문자를 동시에 사용하는 사회는 전근대국가를, 대량인쇄물을 주로 사용하는 사회는 근대국가를, 그리고 넷에 의존하는 사회는 지구촌을 지향하는 경향이 있다.

따라서 문화소통수단이 지니는 문화를 구성하고 변화시키는 역할은 매우 중요하다. 문화소통수단은 문화가 작동하는 기반을 제공하고 따라서 문화형성은 그 기반의 제약을 받는다는 것을 의미한다. 그 안의 구체적인 내용은 개인의 창조성, 사회적 상황, 역사적 특수성, 사회관계의 역동성에도 영향을 받기 때문에, 문화소통수단이 문화의 기반을 형성하고 제약을 가한다고 해서 문화를 결정하는 것은 아니다. 문화가 형성되는 판 자체를 바꿈으로써 문화형성에 지대한 영향을 미친다는 점을 강조하고자 한다. 또한 이러한 판의 변화는 철저하고 근본적이어서 그 판 속에 매몰되어 있는 우리로서는 판의 영향을 제대로 인식하지 못하는 경우가 많다.

현 사회를 정보사회보다 디지털사회 또는 디지털에 기반한 넷사회라고 하는 것이 더 타당하다고 생각한다. 이미 카스텔

(Castells)이 사용한 '네트워크 사회의 도래'라는 말이 널리 받아들여지고 있어 앞으로 정보사회보다 넷사회라는 말이 더 보편적으로 사용될 것이다.[32] 넷사회라는 표현은 넷을 통해 정보가 전달되든 오락이 전달되든 또는 심미적인 내용이 전달되든 받아들일 수 있는 용어다. 따라서 컴퓨터에 기반한 다양한 연계와 이를 통해 각종 정보나 내용들이 전달되는 사회를 '디지털에 기반한 넷사회'라고 보고 이를 축약하여 넷사회라고 표현하겠다.

구술에 기초한 문화혁명

말의 출현

인류는 생긴 지 600만 년 정도 되었다고 생각되고 있다. 500여만 년 전의 뼈를 찾아냈으니 그 정도는 되었을 것으로 추정된다. 최초의 인류는 당연히 말을 못했다. 침팬지처럼 제스처, 표정 그리고 소리(가령 울부짖는 소리 등) 등으로 소통했을 것이다. 그러나 이러한 소통수단은 유물로 남아있지 않다. 또한 말도 유물로 남아있지 않기 때문에 언제부터 어느 정도나 사용하였는지 알 길이 없다.

이러한 제약으로 우리가 말을 주요 소통수단으로 사용하기 이전의 사회에서 제스처 등의 소통수단이 어떠한 역할을 하였고 어떻게 문화를 형성하였는지 제대로 알지 못한다. 하지만 추측 가능한 것은 제스처나 소리(울부짖는 소리나 원시적인 불분명한 발음에 기초한 말)에 의존하는 사회는 직접적인 쌍방향 소통을 하지만 소통내용의 한계 때문에 동물적 삶으로부터 크게 벗어난 문화적 삶이 불가능하다는 것이다. 물론 문화가 존재하겠지만 문화의 핵심인 의미, 사상, 예술, 신화 등도 거의 존재하지 못했을 뿐만 아니라 새로운 문화전통을 세우기가 아주 힘들었을 것으로 생각된다. 따라서 야생에서의 생존에 의존하는 원시적인 문화를 넘어서지 못해 문화적으로 보면 현대 인류보다는 침팬지에 가까운 모습이었다고 말할 수 있다.

말이 남아 있지 않기 때문에 말이 어떻게 발전하여 언제부터 가장 중요한 소통수단이 되었는지는 정확히 알 수 없다. 하지만 말을 제대로 사용하기 이전에는 인간에게 문화라고 하는 측면이 아주 미약하였고 말을 제대로 사용하면서 문화라고 부를 만한 것이 점차적으로 형성되었다. 말은 제스처 등 이전 소통수단보다 적어도 10배 이상의 빠른 소통이 가능하며 또한 정교한 의사소통이 가능하다. 이러한 정교하고 빠른 소통수단의 출현으로 문화적 도약이 가능해진 것이다.

말의 출현에 대한 설명 중 지금까지 가장 설득력 있는 설명은 현생인류가 20만 년쯤 전 아프리카에서 나타났을 때 지금처럼 말을 사용할 수 있게 되었다는 것이다. 아마 20만 년 전쯤 유전자의 변화에 따른 구강의 변화가 나타나 혀와 성대를 보다 자유자재로 움직여 소리를 정교하게 조절하는 능력이 생긴 것으로 보인다.[33]

말을 사용하면서 인류의 의사소통이 정교해지고 문화적 축적이 가능해졌으며 정교한 문화로 발전하기 시작하였다. 현생 인류가 나타나고 나서 동굴에 각종 벽화가 나타나는 등 예술 활동이 시작됐고, 다양한 신화와 전설들이 발달하기 시작하였다. 즉, 정교하고 다양한 정신활동이 가능해진 것이다.

이를 기초로 그 시대에 존재했던 다른 인류(네안데르탈인 등)들이나 동물들을 넘어서서, 문화를 더욱 정교하게 발전시켜 세계를 정복하는 대장정을 시작한 것으로 생각된다. 말이야말로 인류가 동물적 존재를 뛰어 넘는 데 결정적인 영향을 미친 소통수단이었다.

말과 문화

말의 커다란 특징은 말하는 사람의 행동, 몸, 분위기를 직접 보며 이루어진다는 것이다. 말에 의한 의사소통 관계는 일 대 일, 일 대 소수, 또는 소수 대 소수의 관계이며 쌍방향 의사소통이다. 서로 듣고 반응하고 질문하고 토론하는 쌍방향적 의사소통이라 서로의 참여를 필요로 한다. 따라서 대화라는 의사소통은 상호 참여를 통해 이들을 통합시키는 힘을 가지고 있다.

또한 의사소통이 주로 말소리에 의존하기 때문에 소리의 현상학이 이들의 존재감각에 깊숙이 배어 있다. 말이 경험되는 방식이 인식하고 상상하는 기본 바탕을 형성한다. 말을 통해, 보이는 것 이상의 다양한 것들을 머릿속에서 상상하고 인식한다. 신화적 사고나 전설적 사고는 대체로 말에 기초한 문화다. 인쇄물이 출현하고 나서야 사람들이 눈앞에 펼쳐진 것을 가장 중요한 것으로 생각하는 버릇을 가지게 된 것이다.

말은 대개 대화의 형태를 지닌다. 상대방도 기록을 할 수 없기 때문에 기억해야 한다. 전부를 기억할 수 없으니 기억하기 쉬운 형태로 머릿속에 저장한다. 기억에 있어 말의 선후 순서가 정확히 기억나지도 않고 또한 검증도 불가능하기 때문에 정서적 각인이 중요하다. 두고두고 확인할 수 있는 문자에 비해 짧은 시간에 전달하고 기억시켜야 한다. 이를 위해 생동감 넘치는 상징적·신화적 언어구사가 많다. 따라서 리드미컬하고 균형잡힌 패턴이거나 반복이나 대구(對句) 등의 기억하기 쉽고 패턴화된 문장 또는 기억하기 쉬운 관용표현을 많이 사용한다. 리듬 등이 기억을 환기하는 것을 돕기 때문이다. 소리는 또한 호흡과정, 몸짓 등과 융합되어 전달된다. 옹(Ong)에 따르면 구술적 소통은 문자적 소통과 비교하여 다음과 같은 특징을 지니고 있다.[34)

종속적이라기보다는 첨가적이다.

구술문화는 화자의 형편에 따라 말하는 첨가적인 성격이다. 말하는 환경의 맥락이 아주 중요한 역할을 한다. 문자문화는 정교한 문법을 따라 통사론적인 활용이 많고, 분석적이고 추론적이며 종속적인 글쓰기가 많다.

분석적이라기보다는 집합적이다.

구술에서는 생각과 표현요소가 덩어리로 뭉치는 경향이

있다. 진부한 상투구나 강조가 널리 쓰인다. 야생의 정신은
전체화되어 있다. 종합적 전체적 덩어리적 사고방식을 많이
사용한다.

장황하거나 다변적이다.

문자는 앞뒤로 다시 읽으며 확인이 가능하다. 구술은 되
돌아갈 곳이 없다. 말은 공중으로 사라진다. 직전에 말해진
것의 되풀이는 화자와 청자 양쪽이 이야기 줄거리를 벗어나
지 않도록 해준다. 빈틈없이 조리있고 정연한 것(문자문화의
결과로 나타난 것이다)보다 장황하고 다변적으로 말하는 것
은 기억을 위한 것이다. 유창함, 거친 말투, 중복, 다변은 다
기억을 쉽게 하기 위한 것들이다.

보수적이거나 전통적이다.

소리 내어 되풀이하지 않으면 사라진다. 반복되어 세대로
전해짐으로써 지적경험이 전통이 된다. 새 지식의 창출이
어렵다. 기억량이 많은 노인이 우대 받는다. 또, 잘 전달하
는 사람(효율적 이야기 능력)이 우대 받는다. 내용은 열렬한
반응을 얻는 쪽으로 변한다. 그래서 이본(異本)이 많다.

인간의 生活세계에 밀착되어 있다.

말은 생활세계와 밀접하게 관련시키는 방식으로 지식을
개념화한다. 그래야 관심을 끌고 기억될 수 있다. 사람들은
현실로부터 유리된 추상적인 지식에 관심이 없다. 신화나

각종 정보도 현실과 연계된 것으로 상상된다. 문자는 생활 경험으로부터 일정한 거리를 두는 추상적 지식이 늘어난다.

논쟁적인 어조가 강하다.

구술문화의 언행은 논쟁적이다. 지식을 생활 맥락에서 사용한다. 속담이나 수수께끼는 언어로 상대방과 대결하기 위해 존재한다. 딱 맞는 상황(논리)을 주장할 수 있게 해준다. 우스꽝스러운 과장이나, 선과 악, 악인과 영웅을 강하게 양극화해 기억을 돕는다.

문자는 논쟁에서 지식을 분리한다. 추상적이다. 논쟁보다는 자기분석논리에 집중한다.

객관적 거리유지보다 감정이입적 혹은 참여적이다.

구술은 대상과 인식주체를 일체화한다. 보다 감정이입적이고 공유적(共有的) 일체화를 도모한다. 공유적인 혼에 의해 감싸여진다(무당에서 잘 나타나듯이). 서술자와 등장인물과 청중은 매우 긴밀하게 하나가 된다. 문자쓰기는 대상과 인식주체를 분리해 객관성을 추구한다.

항상성이 있다.

현재와 관련이 없는 기억을 버린다. 단어가 지금 여기서 쓰이는 실생활에 의해 통제된다. 단어의 의미는 현존하는 과정에 있을 뿐이다. 현재의 균형과 맥락이 중요하다. 구술은 언제든지 현재에 맞게 변하기 때문이다.

추상적이라기보다는 상황의존적이다.

구체적인 상황에 있는 대상에 대해 말한다. 상황의존적이며 구체적인 사고를 한다. 개인적이고 상황적 체험이 인식의 기본틀이다. 따라서 추상성이 낮다.

문자사회 인간은 추상적 개념화가 빠르다. 추상적 사고를 한다. 순수한 형식논리는 문자사회에서나 가능하다.

말은 개별적 쌍방향적 의사소통수단이다. 개별적이라는 것은 그만큼 직접 대화하는 사람 수가 제한되어 있다. 일상생활의 소통범위인 소통장(疏通場)35)이 그만큼 제한되어 있으며 소통장에 기초한 동일문화권도 마찬가지로 제한된다. 따라서 일상적 인식과 문화가 지역적 특수성(parochialism)을 띤다. 개별적으로 소수와 소통을 하기 때문에 의사소통을 통해 공동의 의미, 가치, 신화, 놀이, 관습 등을 공동으로 행하는 문화권의 크기가 매우 제한된다.

이들의 공통기억은 조상, 지역인물, 지역전설, 지역신화, 지역환경 등과 이에 의존하는 관습에 기초한다. 이를 기초로 대체로 같이 사냥하며 같이 채집하고 같이 노동하는 마을집단이나 또는 이들이 서로 결혼하거나 상징재(그릇, 목걸이, 장식물 등 상징적으로 가치가 있다고 믿어지는 물건들)를 교류하여, 걸어서 서로 자주 만날 수 있는 크기의 동일문화권을 형성한다.

문자 문화혁명

문자출현과 말

앞에서 언급한 사회는 문자가 출현하기 이전의 사회다. 이러한 사회는 1차 구술사회로 부르며, 문자가 발생하였지만 아직 말에 의한 의사소통이 주도권을 장악하고 있는 사회를 2차 구술사회로 부른다. 1차 구술사회와 2차 구술사회에는 커다란 차이가 있다. 대체로 1차 구술사회는 국가가 성립되기 이전의 사회이며 2차 구술사회는 국가가 성립된 이후 출판이 확산되기 이전까지의 시기로 일부 엘리트층에서 책이나 경전을 베껴서 사용하는 사회이다.

문자가 발생하여 쓰기와 필사를 활용하면서 사회적 소통체계에 커다란 변화가 나타나고 그 결과 문화적으로도 커다란 변화가 나타난다. 이러한 변화는 국가가 성립되어 주로 문자에 의존하는 대전통(또는 국가적 전통)의 확립과 밀접하게 관련되어 있다.

문자가 출현하면서 주로 상층부의 문자에 기초한 대전통과 일반 주민의 구술에 의한 소전통이라는 이중적인 문화소통현상이 나타난다. 상층부는 문자를 통해 보다 광범위한 지역까지 문화소통이 이루어져 광범위한 지역을 하나의 신화, 종교, 사상, 예술을 묶어주는 상층문화의 통합이 이루어진다.

이에 비해 주민들은 대체로 문자를 사용할 줄 모르며 계속 말에 의존하여 소통하는 생활을 유지한다. 엘리트의 문자를 통한 넓은 범위의 문화통합에 영향을 받지만 자체적인 구술전통을 유지하기 때문에 기본적으로 지방적 독특성을 기초로 하는 주민의 구술문화가 형성된다. 따라서 여기에 지속적으로 영향을 미치고 또 이를 일정 부분 바꾸려 하는 엘리트의 문자문화의 영향과 주민의 구술문화가 공존하는 이중적 문화현상이 나타난다.

물론 상층부의 문자문화도 처음 문자가 출현하였을 때는 극심한 소수, 특히 사제라는 특권 계층에게 문자의 활용이 제한되어 있었다. 따라서 문자출현의 초기에는 문자가 대체로 신화나 종교적으로 상층을 묶어주는 현상이 나타나나 귀족이나 장군, 왕족들도 아직 문자를 사용할 줄 모르는 구술형 소통에 의존한다.

그러나 점차 문자가 상층부에서 일반화되면서 신화나 의례 그리고 행정기록 외에도 예절, 규칙, 제도, 역사, 사건, 사상, 윤리 등의 광범위한 내용을 문자로 필사하여 퍼뜨리면서 국가를 중심으로 통일되는 현상이 나타난다. 이에 따라 국가를 하나로 묶어주는 또는 여러 지역이 하나의 종교적 의례에 통합되는 문자소통권이 형성된다. 다시 말하면 같은 문자를 사용하여 소통하기 때문에 통합되는 문화권이 나타난다.

대량출판이 아니더라도 필사를 통해 똑같은 내용을 전파할 수 있고 또한 이러한 필사본을 읽어 구술로 주민들에게 동일한 의식(특히 종교)을 심어줄 수 있게 된다. 따라서 문자에 의존하는 대전통은 사제나 귀족 그리고 이들을 통합하는 왕족이 주도하게 된다. 이것이 국가적 전통으로 강조된다. 신화적 정통성, 신화적 문학예술, 미, 사상 등이 강조되며 종교적, 철학적, 미학적, 문예적 전통에 대한 담론이 발전한다. 종교학, 신학, 철학, 역사, 미학, 문예학이 모두 이러한 전통에 기반하여 출발하였다. 이에 따라 신학적·사상적·미학적 논의들이 세련화되어 학문화되기 시작한다.

상층부는 이러한 것을 통해 다른 계층과의 차별화를 강화한다. 문자에 기초한 다양한 종교적·사상적·예술적 기제를 차별화 기제로 활용함으로써 상층집단의 권위를 확보하는 것이다. 이에 따라 상층의 문화 내용과 주민의 문화 내용이 다르며 상층의 문화소통권은 문자를 통해 국가전체나 때로는 국가를 넘어서 이루어지지만, 주민은 말을 통해 지역적인 소규모 문화권을 유지한다. 지역에서는 상층에 의해 퍼진 대전통이 지역적 소전통을 포섭하고 변화시킨다. 이렇게 상호 영향을 주고받으면서 대전통과 소전통이 공존하는 현상이 나타난다.

요약하면 문자를 통한 소통이 발전하면서 세련된 신화, 역사, 예술, 제도, 국가체제의 성립과 활용이 가능해지고 이에 따라 우리가 문명이라고 부르는 것이 인류 최초로 나타나기 시작한다. 이러한 세련된 전통을 공유하는 상층집단에서 국가 단위 공유의식(신화, 역사, 정서, 감각)을 만들어낸다. 따라서 국가가 장기간 유지될 경우, 국가의 동일한 신화(특히 초월적인 신들이나, 신들의 위계질서가 엄격한 신화들), 국가적 동일집단 의식, 동일시간관념 등의 감각이 점차적으로 출현하게 된다.

문자가 주도하는 사회

대량출판물의 출현

문자는 수천 년 전부터 존재했지만 문자가 대중의 사고방식까지 깊숙이 영향을 미친 것은 인쇄기술이 등장하고 나서다. 물론 인쇄가 처음 출현하였을 때는 필사와 획기적인 차이는 없었다. 수공업적 인쇄였기 때문이다. 점차 인쇄술이 발달하면서 문자가 사회 전반의 사고방식과 상상력을 바꾸어 놓았다. 이렇게 문자가 인쇄에 활용되어 사회적 주도권을 확보한 사회를 문자사회라 부른다. 필사에 의존하는 것보다 인쇄에 의존하면 초기에는 수 배, 수십 배 그리고 현재는 수백만 배 이상 빠른 속도로 같은 내용을 지닌 인쇄물이나 책을 만들어낼 수 있다. 의사소통의 양이 엄청나게 늘어났음을 알 수 있다.

우리나라가 세계최초로 금속활자를 만들었지만 대량복제를 통한 소통은 구텐베르크가 만든 금속활자에 의해 시작되었다. 구텐베르크가 종이를 이용하여 대량인쇄를 시작한 것은 1462년으로 알려져 있다. 이후 인쇄소가 폭발적으로 증가하여 1500년까지 약 2천만 권의 책이 보급되었으며 1500년에서 1600년 사이에 약 2억 권의 책이 출간되었다. 1517년부터 라틴어를 지방어로 번역한 성경들이 등장하여 종교혁명의 기폭제가 되었다. 루터가 번역한 독일어성경은 1522년에서 1546년 사이에 430판이나 인쇄되며 세계 최초의 베스트셀러가 되었다. 1820년대부터는 하루에 4천 장을 인쇄할 수 있는 인쇄기가 출현하여 신문이 발간되기 시작하였다.[36] 날마다 동일한 내용을 수천 명에게 전달하게 된 것이다.

인쇄라는 대량복제 소통수단이 만들어짐으로써 한 개인이 수천 명이나 때로는 수억 명에게 똑같은 내용을 전달할 수 있는 것이 가능해진 것이다. 일반 주민에게까지 문자에 의한 내용이 전달된 것은 인쇄가 출현한 다음이다. 이후 책을 읽기 위해 문자를 배우려는 욕구는 더욱 보편화되었다.

국가가 공통의 역사를 가진 공통의 집단이라는 내용의 서적과 논의를 일반 주민에까지 대량으로 배포하게 되고 주민의 기억과 느낌의 범위가 국가영역으로 넓어지게 된다. 이러한 공통의 내용을 다량으로 읽고 말하면서 하나의 국가, 하나의 국민이라는 관념이 강화되거나 또는 새로 만들어지게 되었다. 말을 통한 지방적 기억에 의존하는 구술사회와는 다른 문화적 생산, 배포, 소통의 기재가 형성된 것이다. 즉, 국가적으로 통일된 내용들이 대량으로 소통되면서 동네마다 다르던 신화, 설화, 의례, 관습, 전통이 약해지고 국가적으로 동일한 경향이 나타나기 시작했다. 어느 정도 통일된 국민의 문화(역사, 세계관, 의식 등)가 형성되기 시작한 것이다.

이러한 과정에서 지방문화는 국가의 표준문화에 비해 열등한 것으로 인식되었다. 또한 구술형 정보는 가치가 낮은 것으로 평가되고 표준형 문자정보의 가치가 훨씬 높은 것으로 평가되었다. 따라서 지역 구술문화의 창조자와 전승가들의 역할이 크게 약화되었다. 구술에 기초한 지방적 기억과 논의가 약화되고 서적과 신문의 대량배포에 의한 국가단위 문화형성이 나타난 것이다. 이전의 대전통과 소전통의 이중적 구조가 약해지고 점차 국가전통으로 통합되었다.

이러한 대량인쇄의 확산과정이 유럽에서 지방어에 기초한 근대 민족주의와 국민국가를 형성하게 된 결정적 계기였다.[37] 물론 한국의 경우 2차 구술사회의 형태로 1천 년 이상 같은 민족이라는 이야기가 퍼지고 같은 체제를 경험해왔기 때문에 민족관념이 이전부터 존재하고 있었다. 따라서 한국에서는 서구처럼 서적의 대량배포에 의해 민족관념이 형성된 것은 아니다. 하지만 19세기 말 서구와 일본의 침입으로 이들과 대비되는 자의식과 대량서적의 출현으로 민족적 동일의식이 더욱 강화됨으로써 민족관념이 전면에 등장하였다.

이러한 대량인쇄의 과정은 최초의 대량공산품 생산과정이고 대량생산조직이며, 대량소비문화의 출현을 알리는 과정이었다. 또한 근대적인 민족국가의 출현과, 신화나 종교보다 이성에 의존하는 근대문화가 출현하는 바탕을 이루게 된 것이다. 동시에 인쇄는 저자나 출판자가 소수에 집중된 소통수단이기 때문에 이제까지 보다 훨씬 중앙집권화된 권력구조가 출현하게 되었다.

대량인쇄와 문화변화

시각적 문자인식방법은 대량인쇄 이전부터 존재했다. 그러나 이러한 인식방법은 필사서적을 읽는 소수에 한정되어 있었기 때문에 대량복제된 서적이 출간되기 전까지 그 영향이 상층부에 한정되어 있었다.

표준화된 문자정보의 대량확산이 이루어지면서 새로운 인식방식과 그에 따른 새로운 사고방식도 같이 확산되기 시작하였다. 훨씬 광범위한 곳에 동일 정보를 전달할 수 있기 때문에 소수 저술가의 영향력이 급상승하게 되었다. 지역 구술가의 영향력을 빼앗아 버린 것이다. 이에 따라 지역마다 독특한 전통을 많아 가지고 있던 구술사회의 문화적 성격이 점차 사라지게 되었다.

대량출판물의 출현은 민중에 이르기까지 인식체계를 바꾸

었다. 출판물은 눈을 통해 혼자 책이나 신문을 읽는 방법으로 내용을 이해한다. 또한 같은 내용을 반복적으로 읽을 수 있다. 따라서 말처럼 현장에서 귀를 기울이며 들어야 할 때와 다른 방식으로 사물을 이해하게 된다. 먼저 시각적 문자인식방법이 인식의 가장 중요한 기준이 된다. 즉, 종이에 공간적으로 배열된 문자와 도표 등을 나열된 순서를 따라 읽으면서 이해하는 인식방법이다. 이러한 서술적 설명의 주도권은 인쇄발명 이후에 나타난 것이다.

출판에서는 앞뒤의 이야기가 반복되지 않고 논리적으로 잘 진행되도록 정리해야 보다 잘 팔린다. 따라서 반복하여 수정하면서 보다 충실한 내용과 의견을 넣으려고 한다. 체계화된 논리전개가 중요해진 것이다. 다변적 전개보다 앞뒤의 아귀가 맞는 논리적 전개가 문자이해에 더 효율적이다. 상황에 의존하는 말에 비해 글은 혼자 앉아서 차분하게 읽기 때문이다. 말과 다른 사회적 논리를 지닌 글이 주도하는 세계가 나타난 것이다.

이에 따라 시각적 선후나열에 의한 논리전개가 강조되는 사고방식이 널리 퍼지면서 반복적이고 다변적인 전개는 가치 없는 것으로 취급된다. 또한 독자가 몇 번이고 읽어볼 수 있으므로 논리적이지 못한 전개는 금방 들통이 난다. 앞뒤 전개가 불일치하고 중복되는 말은 믿기 어려운 것으로 평가된다. 또한 감정적 자극이나 순간적 자극보다 논리적인 의미전달이 더 중요한 것으로 간주된다.

따라서 글을 잘 전개하며 쓰는 것이 중요하다. 혼자 고립된 상황에서 언어로 글을 쓰는 것에 익숙하다보니 추상적인 사고에 대한 친밀감이 높아진다. 책도 보통 혼자 조용히 읽게 되므로 혼자 읽고 사색하는 일이 더욱 빈번하게 일어나고 이의 영향으로 개인을 이전보다 중요시하는 생각이 나타난다. 즉, 개인주의적 의식이 나타나게 된 것이다.

말은 한 번 하고 나면 허공으로 사라지지만 글은 계속 남는다. 글은 시간을 뛰어 넘어 똑같은 내용을 전달한다. 시간을 경험에서 분리시켜 보다 추상적으로 이해할 수 있게 된다. 이에 따라 시간이 보편성을 가진 흐름이라는 인식이 늘어난다. 문자가 생기면서 기록이 늘어나고 현실세계의 시간적 전개라는 역사의식이 생겨났고 인쇄물이 확산되면서 이러한 생각은 대중에게까지 확산되었다.

이전에 비해 고급지식의 대중화도 빠르게 진행되면서 독서대중이 출현하였다. 책을 통해 세상에 대한 지식과 세상에 대한 인식이 대중화되면서 세계관의 주제가 점차 대중이 필요로 하는 내용으로 변하게 되었다. 즉, 세속화와 통속화가 나타난다. 책을 읽고 모여서 이야기하면서 대중의 정치적 발언이나 세계관 혹은 기존 신분제에 대한 논의와 비판도 더욱 많아지게 되었다. 이에 따라 기존 신분제에 저항도 커지고 새로운 이념과 질서도 책과 신문을 통해 보다 쉽게 확산되면서 사회적 유동성은 더욱 커지게 되었다. 혁명이나 정부 전복도 더욱 빈번하게 나타나게 되었다. 각종 혁명이나 전복을 자극하는 정보와 분위기의 확산에 팜플렛, 서적, 신문의 영향은 아주 중요하였다. 신문과 팜플렛의 확산이 다양한 정치이념의 확산을 가능하게 했다.

출판물은 국가에도 커다란 변화를 일으켰다. 국가 안에서는 동일한 교과서로 동일한 내용을 읽고 공부하게 된 것이다. 국기적으로 소통되는 언어(표준말), 상징(국가명칭, 통치자, 통치장소, 국기), 지도, 사건, 인물, 뉴스, 이야기, 경제 등을 통해 국가경계가 머릿속에 철저히 각인되었다. 따라서 국가를 대상으로 하는 출판물들이 지방을 대상으로 하는 출판물들보다 상업적으로 성공할 가능성이 높다. 상업적 속성에 의해 국가단위로 표준화된 문화가 주로 생산되고 소통되면서 국가단위의 공통문화를 가진 대중이 출현하게 된다. 구술사회에서 지역화된 집단이 출판물의 대량소통으로 점차 국가문화에 포섭되는 현상이 나타난다. 민족, 국가, 언어를 경계로 하는 문화소통이 대폭 증가하여 문화의 동질성이 크게 증가하게 된 것이다.

구술문화와 문자문화를 단순화시켜 비교하면 다음과 같이 대비할 수 있다.[38]

구술문화와 문자문화의 대조

구술문화	문자문화
목소리	글자/텍스트
전논리적 사고	합리적 사고+분석적 능력
마술	과학
야생적 사고	길들여진 사고
귀(구술)	눈(텍스트)

영상^{문화혁명}

영상사회

영상의 대량소통과 문화변화

영상과 소리의 대량복제 체계는 1890년대부터 점차적으로 축음기, 영화, 라디오, TV, 케이블로 발전하여 왔다. 즉각적인 전달력과 뛰어난 오락적 기능, 정보전달 기능으로 빠른 속도로 전세계에 확산되면서 지구촌을 만들었다. 다시 말하면 인쇄는 국가 내부를 문자로 통일하고 제도와 상상력을 표준화하려는 압력을 강하게 가하였지만 문자라는 한계 때문에(국가마다 언어가 달라서) 국경을 넘어가면 갑자기 소통능력이 급격히 저하되는 체계다. 각 나라마다 독특한 문자에 갇혀 있었던 서적은 국가(언어)의 경계를 넘어서는 데 많은 어려움이 있고 따라서 일부 엘리트층을 제외하고는 타국의 서적이나 신문을 읽기가 어려웠다.

이에 비해 비주얼(이미지) 동영상은 그 자체로도 일정한 소통이 되므로 보다 쉽게 국경을 넘어 전달될 수 있다. 더빙만 추가하거나 또는 영상자체로 순식간에 국경을 넘어서 다른 나라 대중들에 전달될 수 있으므로 대중이 전세계를 하나로 상상하는 습관을 가지는 데 커다란 기여를 했다. 따라서 언어에 의존하는 문화소통체계보다 훨씬 더 세계적인 형태를 띠고 있다. 영상의 출현으로 세계적 소통이 더욱 급격하게 증가하자 지구촌적 상상력을 지닌 사람들이 크게 증가하였다.

인쇄처럼 영화나 TV도 대량복제적 일방통행적 소통수단이다. 생산자가 수만, 수천만의 동일한 내용을 전달할 수 있다. 그렇지만 인쇄와는 달리 시각뿐만 아니라 청각이 작동하여 오감 전체의 참여를 필요로 하는 소통수단이다. 또한 흑백의 문자가 아니라 현실을 그대로 동영상으로 담거나 또는 극적으로 구성하여 보여주기 때문에 훨씬 즉각적 소통이 가능하다. 이에 따라 텔레비전을 시청하고 있는 시간이 잠자는 시간 외에 가장 중요한 여가시간이 되었다.[39]

또한 텔레비전을 통해 이미지의 독자석인 소통이 빈번해지면서 이미지의 중요성이 커졌다. 추상적인 언어의미에 기초해서 논리적인 전후관계로 의미를 전달하던 문자소통과 달리 이미지에 기초해 통째로 자극적으로 전달하기 때문이다. 따라서 문자로 소통하는 것과 상상, 감각, 논리, 생각이 다르다. 문자는 시각을 통해 글자 하나하나를 읽어야 하는 시간이 걸리는 이해과정이지만, 이미지는 오감을 거쳐 즉각적으로 인지되어 반응을 일으킨다. 이해라기보다 오감적 접수이기에 보자마자 느껴지는 것이다.[40] 이미지가 이렇게 강렬하게 반복적으로 전달되기 때문에 이미지는 심지어 모든 것을 삼키기까지 한다.[41] 때로는 이미지(모방물, 가짜, 시뮬라크라)가 원본(진짜)보다 더 중요하게 영향을 미치기도 한다.[42]

훨씬 쉽게 상징적, 상상적, 오락적, 감성적 전달이 이루어지며 또한 문자보다 훨씬 다양한 내용을 훨씬 빠르게 자극적으로 전달할 수 있다. 문자보다 쉽게 대중적인 공감을 불러일으킬 수 있는 수단이다. 그렇지만 인쇄물보다 만들기가 어렵고 훨씬 복잡한 조직이 필요하며 비용이 더 많이 든다.

영상은 서적보다 훨씬 많은 사람에게 전달되며 오락적 기능이 뛰어나기 때문에 일반대중을 상대로 하는 대중매체화가 빠른 속도로 이루어졌다. 국가적으로 때로는 세계적으로 동일한 내용을 가지고 즐기는 오락수단이 된 것이다. 인쇄물에 비해 즐거움, 오락, 쾌락이 주요소통의 내용으로 등장하게 되면서 문화소통의 오락적 경향이 더욱 강화되고 있다.

동영상의 복제는 이미 갖추어진 TV나 영사기를 통해 이루어지므로 보는 사람 수가 많다고 복제비용이 늘어나는 것은 아니다. 즉, 책이나 신문에 비해 처음 고정투자비용은 크게 들지만 이후 송출비용은 사람이 늘어날수록 상대적으로 계속 절

감된다. 소비자가 크게 증가하면 추가비용이 들지 않아도 추가소비자를 만족시킬 수 있다. 따라서 시청률의 승자와 패자의 영향력과 수입차이는 극심해지면서 출판물보다 훨씬 극심한 경쟁이 일반화된다.

출판물이 최초의 대량생산 문화산업이라면 영상은 대량생산 문화산업의 영역을 크게 넓혔다. 영화, 드라마, 공연 등 모든 영역을 영상에 담아 판매할 수 있게 된 것이다. 저렴하게 대중을 주대상으로 하는 문화판매가 급격하게 증가하게 된 것이다. 이를 기초로 대중예술(영화, 방송 등)의 산업화가 빠르게 진행되어 왔다.

그럼에도 불구하고 기존의 영상소통은 일방적인 소통이다. 대중이 직접적으로 참여하는 것이 불가능한 시스템이다. 인기나 또는 판매에 의해 대중의 반응이 고려되지만 참여라고 볼 수는 없다. 따라서 대중을 일방적으로 유인하여 끌어들일 수 있는 스타 시스템이 발전하게 되었다. 상업화된 일방적 대량소통이 주도하는 사회가 된 것이다. 서적 위주의 사회에서 강조되었던 민족적 사상, 역사, 문화, 예술에서 점차 대중의 흥미를 유발할 수 있는 오락/재미/즐거움에 기초한 문화로 이동하는 현상이 나타나고 있다. 국가적 전통과 세련미에서 조금씩 글로벌한 대중의 재미로 문화의 주도적인 흐름이 전환되는 경향이 지속되고 있다.

이러한 전반적인 변화에서 나타나는 문자문화와 영상문화의 차이를 KAIST 최혜실 교수는 『문학수첩』 창간호(2003년 2

월)의 「디지털 문화 환경과 서사의 새로운 양상」에서 다음과 같이 정리하고 있다.[43] 물론 이러한 정리는 과장된 일반화지만 대비를 뚜렷하게 하여 전체적인 변화를 이해하는 데는 도움이 된다.

문자문화와 영상문화의 대조

문자문화	영상문화
이성 중심	감성 중심
옳고 그름으로 판단	좋고 싫음의 선호로 판단
논리적 심사숙고	감각적 판단에 따른 행동
미래의 득실이 기준	당장의 호오(好惡)가 기준
동질의 가치관 지향	이질 지향 가치관
<나도 남들처럼 살고 싶다>	<남들과 다르게 살고 싶다>
자기 절제	자기 표현
남이 창조한 가치에 동조	스스로 가치 창조
남에 대해 의식함	자기 자신에게 충실하려는 자기 지향적
억제된 감성	해방된 감성
보고 듣고 구경하는 정적문화	직접 참여하여 즐거움을 추구하는 동적문화
소유에 대한 욕구	사용가치의 중시

인터넷^{문화혁명}

넷사회

디지털넷 사회의 출현

1969년 미국에서 알파넷이 생겨 발전을 거듭하면서 컴퓨터에 기반한 분산형 소통체계가 점차 발전하였다. 중앙 없이 병렬적으로 연계된 컴퓨터를 통해 소통하는 시스템이다. 군사적 학문적 목적에서 시작되었지만 1990년대 들어서야 민간활용이 급속히 퍼지기 시작한 것이다. 특히 1993년 현재의 웹 시스템의 기본 골격이 형성되면서 기하급수적으로 그 사용자가 늘게 되었다.[44]

한국에서는 1982년 전자기술연구소와 서울대를 인터넷으로 연결하여 처음 인터넷이 시작되었다. 인터넷이 정보전달수단을 넘어 문화소통수단으로 발전한 계기는 1993년 현재의 웹 시스템이 발전한 때부터다. 이때부터 대중들이 쉽게 인터넷을 사용할 수 있게 되었고 따라서 정보적 속성을 넘어서는 다양한 소통이 급속하게 증가하게 되었다. 이 결과 대중이 주도적으로 참여하는 넷소통으로 발전하게 된 것이다.

인터넷은 이제까지 나타난 소통수단 중 가장 유연한 소통수단이다. 일 대 일에서부터 다중 대 다중의 접촉이 가능하고 실시간 접촉에서 지연된 접촉도 가능하다. 쌍방향뿐만 아니라 일방향소통도 가능하다. 망만 연결되어 있으면 세계 어디에서나 접속할 수 있다. 언어의 국가적 장벽도 번역 프로그램으로 조금씩 극복해가고 있다. 인터넷은 즉각적으로 자료를 올릴 수 있고 24시간 내내 접속이 가능하다. 소통과정에서 오해하거나 오류가 발생할 가능성도 아주 낮다. '비거리성(No Distance), 비지연(No Delay), 비오류(No Error), 비한계성(No Limitation), 저비용(Low Cost), 전세계로 연결되는 총체적 연계성 그리고 상호성과 기존 미디어들과의 융합성'을 갖춘 소통수단인 것이다.45) 또한 하이퍼 링크나 검색을 통해 다양한 내용을 비교검토하고, 게시판이나 채팅으로 토론할 수 있는 정보검색기능과 토론기능이 가능한 소통수단이다.

문자, 서적, 영상의 출현이 이전의 문화소통수단과 공존하면서 점진적으로 변화를 일으켰듯이, 인터넷의 출현도 구술, 문자, 영상 등과 공존하면서 조금씩 변화를 일으키고 있다. 인터넷은 이전의 모든 문화소통수단을 포섭하는 시스템이다. 따라서 구술, 문자, 영상과 복잡하게 연계된 중층적 문화소통지형을 형성하고 있다.

인터넷이 가장 극적으로 문화소통의 중심으로 전진하고 있는 나라가 한국이다. 1997년 이후 정보화 강국, 벤처 강국을 지향하면서 정책적으로 강력하게 지원한 결과다. 급속하게 인터넷이 퍼지면서 인터넷의 영향력도 급속하게 성장하였다.

넷사회와 문화변화

디지털넷은 쌍방향소통이다. 구술사회에서 이루어졌던 쌍방향소통이 새로운 차원에서 다시 나타난 것이다. 이는 이제까지의 구술, 문자, 인쇄, 영상소통을 모두 포괄하는 소통방법으로 대량소통과 소량소통 그리고 쌍방향소통과 일방적 소통을 모두 가능하게 해주고 있다. 대체로 쌍방향소통을 지향하고 있어 쌍방향소통이 주도적이다. 나는 이를 유연한 쌍방향소통이라고 부르고자 한다.

이러한 쌍방향소통은 구술사회에서 나타났던 몇 가지 특징들을 다시 나타나게 해주고 있다. 구술이 즉각적인 청자의 반응과 참여에 의해 소통이 이루어졌다면 인터넷에서도 접속한 자의 즉각적인 반응과 참여가 가능해졌다. 그러나 연기된 반응이나 점검도 가능하여 참여의 성격이 훨씬 복잡한 양상을 보여준다.

하여튼 일방적 대량소통이었던 인쇄매체와 영상매체에 비

해 참여가 훨씬 용이해진 소통이다. 쌍방향소통은 제공된 정보나 자료의 수동적 접수를 넘어서 능동적 반응, 대응, 참여를 가능하게 한다. 따라서 이전보다 참여적인 습관이 몸에 체화(體化)되어 일방적으로 읽기만 하라고 하면 답답해지고 접속자가 줄어든다. 그러니 게시판이나 이메일을 통해 누구나 발언할 수 있도록 해주는 것이 대세다. 따라서 쌍방향적 대화가 활성화된다. 실시간 토론 또는 지연된 토론46)이 더욱 빈번해지고 당연시된다. 인터넷에서 점차적으로 참여적 상호작용이 일상화되면서 사회적으로도 다양한 참여가 지속적으로 확대되는 현상이 나타나고 있다.

　「오마이뉴스」의 기사에 댓글이 때로는 수백 개가 넘게 나타나는 것이 기존의 신문과 방송과의 대표적인 차이점이다. 즉각적인 쌍방향적 의사소통으로 개인이 기사도 올릴 수 있고 댓글도 쓸 수 있어 신문, 방송에서 나타나는 기자와 독자의 구분이 무너지고 있다. 특정 회사의 사보는 일방적으로 배포되는 일방적 소통수단이지만 홈페이지에는 즉각적으로 회사제품에 대한 불만이나 회사에 대한 불만을 올릴 수 있다. 그만큼 소비자와의 소통이 폭증하게 된 것이다. 스스로 자신의 홈페이지를 만들거나 블로그를 이용하여 또는 개인적으로 인터넷 방송국이나 잡지를 만들거나 각종 게시판이나 동호회를 통해 누구나 발언권을 가질 수 있게 된 것이다. 이에 따라 일방적 대량소통에서 발언권이 부족했던 대중들의 발언권이 강화되고 있다.47) 이렇게 군중이 네트워크를 통해 참여하는 현상을

라인골드(Rheingold)는 『참여군중 *Smart Mobs*』이라고 말하고 있다.[48]

게시판, 커뮤니티, 홈페이지, 카페 등을 이용하여 물리적 공간을 넘어 서로 교류하는 모임이 가능해졌다. 특정 관심사에 대해 집중적으로 논의하는 것도 가능하다. 이러한 쌍방향소통으로 자신의 관심사에 따라 인터넷을 통해 여기저기 소통하고 참여하는 일이 점차 일반화되고 있다. 한 번도 보지 못한 사람과 네트워크를 통해 집단을 형성하고 같은 세력으로서 활동할 수 있게 되었다. 공간적으로 모이지 않아도 거대한 힘을 발휘할 수 있게 된 것이다. 이들이 실제공간에서 모이는 번개팅 등도 이루어지고 있다. 또는 특정한 날에 특정 행동을 위해 모일 수도 있고 이유와 장소를 밝히고 어디로 나와서 무엇을 같이 하자고 할 수 있다. 월드컵 응원, 촛불시위, 대통령선거에서 이러한 방식은 서로 소통하고 때로는 실제공간에서 모이는 데 커다란 힘을 발휘하였다. G7 모임장소에 세계적으로 사람들을 모아 반세계화 시위를 하는 데도 인터넷은 커다란 힘을 발휘하고 있다.

이러한 변화로 갈수록 온라인 시민사회가 현장적 시민사회보다 사람들을 더 잘 설득하고 동원하여 참여시키는 상태가 가능해지고 있다. 현장 단체활동보다 사이버활동이 더 많은 효과를 거두는 경우도 늘어나고 있다.

이렇듯 새로운 방식으로 사람들과 소통하고 가상공간 또는 실제공간으로 집단화되다 보니 이슈나 집단화가 아주 유연하고 유동적인 모습을 보여주고 있다. 특히 개인은 자신의 관심사에 따라 어느 곳이든 접속을 하고 일시적 활동을 할 수 있기 때문에 가변성이 큰 모습을 보여주고 있다. 물론 이는 순식간에 헛된 이슈나 잘못된 이슈로 사람들이 소통하고 집단화될 수 있는 가능성도 열어놓은 것이다.[49]

누구나 쉽게 참여하고 소수더라도 익명성을 통해 자신의 발언권을 확보할 수 있으며 또한 같은 취향을 가진 사람을 찾아 집단으로 세력화할 수 있다. 전국 또는 세계 어느 곳에서나 접속하여 드나들기 때문에 다른 것과 빈번하게 접촉하게 된다. 서로 다른 것이 일상적인 현상이 된다. 이에 따라 다양성을 인정하고 열린 소통을 통한 교류가 증가하고 있다. 따라서 사이버공간에서 그리고 점차적으로 실제공간에서도 다르다고 숨기거나 이상하게 생각할 필요가 없게 되고 있다.

열려 있다는 것은 그만큼 문제도 있다. 사이버공간은 현실의 일부지만 실제공간과 분리된 가상공간이다. 상대방을 볼수가 없고 실물을 볼 수가 없다. 상대의 원본 자체 또는 진정성을 파악하기가 힘들다. 이러다 보니 일상적인 거짓말로 가짜정체성을 만들어 사람들을 속이기도 쉽다. 다양한 정체성, 거짓정체성이 난무하는 곳이다. 또한 익명성이 가능한 공간이기에 쓰레기적 감정을 분출하기 쉽다. 익명성을 통해 지나친 감정표출, 언어폭력, 거짓정체성 등이 수시로 이루어진다. 또한 상대방이 나를 모르기 때문에 나도 쉽게 감정을 표출할 수 있다. 현실에서 상대방을 보고 말할 때는 격식과 예절을 지키지만, 채팅이나 의견란에서는 감시하는 타인이 눈에 보이지 않아 마음대로 쓰는 경우가 많다.

인터넷소통의 이러한 특징은 권위주의를 무너뜨리고 있다. 권위주의란 소통자체보다 지위나 나이 등을 이용해 우월한 지위를 점하면서 소통하는 것이다. 일방적 내량소통에서는 발신자라는 것만으로도 높은 지위를 누릴 수 있었다. 그리고 높은 지위에 있는 자가 주로 발신자였다. 그러나 인터넷소통에서는 이러한 지위나 나이 등은 알지 못하고 소통하는 경우가 대부분이다. 지위나 나이를 제시한다고 해도 그것이 가짜일 수도 있다. 또한 서로 동시에 발신자이며 수신자이다. 권위가 작동할 공간이 크게 축소된 것이다.

인터넷에 갈수록 더욱 많은 정보, 문화, 동영상이 축적되고 있다. 접속하면 어느 한 개인 지식인이 알고 있는 것보다 훨씬 많은 정보나 지식을 찾아낼 수 있다. 따라서 일반 대중도 찾아내는 정보나 지식의 양에서는 지식인과 차이가 나지 않을 수 있다.[50] 엄청난 정보를 누구나 공짜로 검색할 수 있기 때문이다. 구술사회, 문자사회, 영상사회에서는 불가능했던 일이다. 정보를 다 살 수도 없고 검색 자체도 아주 복잡하였다. 넷에서는 단어를 적어 넣고 검색하면 수천, 수만 개의 정보가 단숨에 뜬다. 이 결과 이전까지 전문가와 비전문가의 차이가 아주 컸지만 인터넷사회에서는 그 차이가 크게 좁혀지고 있다.

이에 따라 지식의 속성도 바뀌게 된다. 과거에는 많은 지식을 기억하고 있는 것 자체도 특권이었고 암기도 중요한 지식

축적의 방법이었지만 더 이상 이들은 특권이 아니다. 보고서를 내라면 학생이 교수가 아는 것보다 더 많은 정보를 검색하여 정리해서 제출하는 경우도 생긴다. 이제 이들을 종합하고 분석하는 능력, 또는 새로운 정보나 지식을 창출하는 능력만이 가치있는 것으로 평가된다.

정치적 권력의 속성도 바뀌고 있다. 쌍방향소통이고 주변에서도 수많은 정보와 지식을 접속하게 되어 중심과 주변의 차이가 줄어들고 있다. 또한 인터넷에는 중앙집권적 통제가 없다. 정보격차가 더욱 커지기도 하지만 주변인들의 참여가 늘어나고 쌍방향소통에 의한 주변의 결집가능성이 커지면서 주변의 권력도 커지고 있다. 중앙의 권력에 대한 점검과 비판이 증가하면서 중앙도 투명해지고 있다. 그만큼 일방적 권력을 행사하기 힘들어지고 있다. 이에 따라 권력의 이양과 분산이 점차 늘어나고 있다. 비상상태가 발생할 경우를 예외로 하면 지속적인 권력의 분권과 분산이 대세를 이룰 것으로 보인다. 쌍방향소통이 일방적 소통보다 발신자와 수신자 양쪽이 서로 권력을 점유하도록 하는 경향이 강한 것과 관련된 것이다. 이에 따라 개인을 통제하는 국가의 능력도 대체로 이전보다 약화되는 경향을 보이고 있다.

방송이 전세계 소식을 안방에까지 실시간으로 중개해주면서 지구촌이라는 개념이 생겨났다면, 인터넷은 세계를 실시간으로 접속할 수 있는 다양한 길을 열어 지구촌 현상을 더욱 강화하고 있다. 거기에다 번역 소프트웨어까지 출현해 언어장

애도 조금씩 무너지고 있다. 개인이 직접 세계에 접속함으로써 물리적 이웃보다 사이버적 이웃이 더욱 긴밀하게 네트워크화되고 개인에게 더욱 중요한 영향을 미치는 현상이 강화되고 있다. 같은 집에서 살고 있더라도 사이버공간을 통해 안방에서 가족이 아닌 사람과 수시로 접속할 수 있게 되어 집과 가족의 의미가 변하고 있다. 집과 가족이 해체되는 경향을 보여주고 있는 것이다. 물리적으로는 개인화가 크게 진행되어 개인주의가 강화되고 있다. 실제공간보다 사이버공간에서의 유동성이 높기 때문에 불안한 유동성이 네트화된 인간 삶의 기본 형태가 되고 있다.

디지털넷은 소통방법을 변화시켰을 뿐만 아니라 또한 가치창출에서 정신(지식, 정보, 예술, 연예, 오락 등. 사이버 상에서는 콘텐츠라 불리고 있다) 부분의 비중을 급격히 높이고 있다. 디지털넷의 출현으로 육체를 위한 손에 만져지는 상품(제조업)이 주도하는 사회에서 정신을 위한 만져지지 않는 상품(정신산업, 문화산업, 지식산업, 여가산업을 포괄하는)으로 경제주도권이 넘어가고 있다.

주

1) 레이몬드 윌리엄즈, 『이념과 문학』(이일환 옮김, 문학과 지성사, 1982), pp.152-159.

2) 「한겨레」, 2003년 1월 21일.

3) 보통 출판물, 신문 등을 영화, TV 등의 영상물과 구분하여 설명하는 경우가 많다. 전자가 눈을 위주로 하는 소통체계라면 후자가 눈과 귀를 동시에 사용하는 소통체계이기 때문이다. 그러나 이들이 모두 대량복제적 의사소통체제라는 점에서 같이 묶을 수도 있을 것이다.

4) 포스터(『뉴미디어의 철학』, 김성기 옮김, 민음사, 1994)는 구어단계, 인쇄단계, 전자단계로 나누었다. 나는 전자단계를 영상과 관련한 대량복제적 일방적 소통단계와 디지털에 기반한 쌍방향 넷 소통으로 나누는 것이 더 타당하다고 생각한다. 어빙 팽(『매스커뮤니케이션의 역사』, 심길중 옮김, 한울, 2002)은 문자 이후에도 글쓰기, 인쇄, 신문 등의 대량전달매체, 음반과 라디오와 영화, TV와 VCR, 그리고 정보고속도로 등 여섯 단계를 설정하고 있다.

5) Marshall Macluhan, 『미디어는 맛사지다 *The Medium is the Massage*』(김진홍 옮김, 열화당, 2001)참조.

6) 국민대 조중빈 교수의 「16대 대통령선거와 세대」(2003년, 세미나발표문)는 정치적인 사건을 통한 세대의 차별화에 대해 논의하고 있기 때문에 정치적 세대변화에 대해서는 그의 논문을 참조하면 도움이 될 것이다. 그는 한국상황에서 대체로 고등학교를 졸업한 19세에서 결혼에 이르는 28세 정도까지가 인생을 독립적으로 살 마음의 준비를 하고 직업을 갖게 되며 가정도 꾸리는 시기로 이때의 경험이 세계관에 심각한 영향을 미친다고 본다. 이에 따라 그는 우리나라의 세대를 한국전쟁세대(61세 이상), 전후세대(49-60세), 유신체제세대(41-48세), 민주화·노동운동세대(33-40세), 탈냉전세대(24-32세), 탈정치화세대(20-23세)로 나누고 있다. 탈정치화세대를 제외하고는 대체로 10년 정도를 터울로 세대가 형성되고 있

다. 탈정치화세대는 10대들의 성향으로 이어지고 있는 점으로 보아 이들도 10대와의 연속선상에서 이해할 수 있다. 이러한 점을 고려하면 현재 한국의 상황에서 세대가 중요하고 세대를 10살 정도의 터울로 나누면 전체적인 세대변화의 흐름을 설명할 수 있다.

7) 미국의 로널드 잉글하트는 세계 43개국을 상대로 사회과학적으로 분석하여 한국이 가장 세대차가 크다고 밝혔다. 한국 사회에서 세대차가 유난히 큰 것은 농경사회에서 급속하게 산업사회로 옮겨갔고 6.25전쟁까지 겪었기 때문에 세대 간 사고방식의 차이가 너무 확연하다는 것이다.(「동아일보」 2002.12.20, 홍찬식, 「문자세대와 영상세대의 갈등」에서 재인용).

8) 제일기획, 「대한민국 변화의 태풍-'젊은 그들'을 말한다」(2003년 6월)

9) 「동아일보」, 2003년 2월 7일자에서 재인용.

10) 제일기획, 앞의 글.

11) 일본의 울트라닛폰이 수천 명에 불과한 것과 차이가 난다(안민석·정준영 엮음, 『월드컵, 그 열정의 사회학』, 한길사, 2002, p.113). 이러한 차이는 일본의 인터넷이 미약했던 것과도 관련이 있을 것이다.

12) 이어령, 『붉은 악마의 문화코드로 읽는 21세기』(중앙M&B, 2002).

13) 김지하, 『화두』(화남, 2002).

14) 이어령은 앞의 책 158쪽에서 "한국의 신바람 문화가 아니었다면 붉은 악마의 기적은 일어나기 힘들었을 것이다"라고 쓰고 있다.

15) 카니발은 보통 때와 크게 다른 행동이 허용되는 축제다. 보통 때 금기시되었던 음란한 행동이나 노출이 허용된다든지 또는 보통 때 금지되었던 술이나 고기를 마음대로 먹고 마음대로 춤을 추든지 등이 이루어진다. 상징적이지만 반란적인 속성을 지니고 있다. 따라서 보통 기층민중이 가장 신나게 열광하며 참여한다.

월드컵이 카니발적이라는 것은 평상시와 다른 열광적 행위가 허용된다는 의미이다. 보통 때 규율을 대표하던 광장이 이러한 열광적 행위를 표출하는 광장이 된다. 평상시에는 고

함을 지르고 마음대로 춤을 추는 것이 불가능하나 월드컵은
그러한 것을 허락한다. 보통 때와 다른 감정의 표출과 광란
이 허용되는 시기이다.

카니발과 다른 것은 월드컵은 국가대표팀을 매개로 이루어진
다는 것이다. 국가 대항이기 때문에 국가적인 카니발이 가능해
진다. 물론 도시 대항에서는 도시 차원의 카니발이 가능해진다.
또한 국가 팀을 매개로 개인을 초월하는 성스러운 집단성에 매
몰되며 자신을 초월하는 감성을 맛볼 수 있다. 대체로 카니발
이 제공하는 감성과 비슷하다.

16) 전복의례란 축제공간에서 세속적 질서가 전도되는 현상을
    말한다. 즉, 축제공간에서 노예가 왕 역할을 하고 왕이 노예
    역할을 하는 등의 전복적 현상이 나타나는 것을 전복의례라
    한다. 상징적 공간에서의 전복에 불과하지만 대중의 열광적
    인 참여를 이끌어낼 수 있다. 하회탈춤에서도 양반은 주변적
    인물로 전락하고 주변인이 주도권을 장악한다. 일상적 규칙
    과 질서를 무력화하여 무한한 상상을 가능케 하는 것이다.
    역전의례라는 말도 사용한다.

17) 장 뒤비뇨『축제와 문명』(유정아 옮김, 한길사, 1998). 한국에
    서 나온 책 중, 축제의 의미에 대해 가장 잘 설명하고 있다.

18) 미국과의 게임이 있을 때 반미시위를 우려하여 미대사관을
    철통같이 경호한 예에서도 알 수 있듯이 이러한 폭발적 가능
    성을 정부도 염두에 두고 있었다. 일본에서는 이러한 혼란을
    염려하여 초기에 대형 옥외전광판에서의 응원을 금지하였었
    다(안민석·정준영 엮음,『월드컵, 그 열정의 사회학』, 한울,
    2002, p.111).

19) 뒤르껭은 이를 통해 사회가 통합된다고 보았는데 이는 지나
    친 주장이다. 상징적으로 잠시 그랬을 뿐이다. 현실은 상상공
    간보다 분열이 치유되기도 훨씬 힘들고 장기적인 영향력을
    가지고 있다. 따라서 일시적으로 자신을 초월한 공동체적인
    희열을 느꼈다고 공동체가 꼭 통합되는 것은 아니다. 이와
    비슷한 오해는 월드컵 4강을 경제 4강 등으로 연결시키는 발
    언에서도 나타난다. 일시적이고 상징적인 4강과 현실에서의
    4강은 거리가 너무 멀다. 상징적 공간이 현실에 너무 심각한
    영향을 미친다고 생각하기 때문에 그러한 과장된 주장들이

나타난다.

20) 물론 반미적인 경향이 있지만 주류가 미국자체를 반대하는 것은 아니었다.

21) http://news.empas.com/show.tsp/20021209n02368/

22) 송호근, 『한국 무슨 일이 일어나고 있나』(삼성경제연구소, 2003), p.211.

23) 「문화일보」, 2002. 12. 21.

24) 「한겨레」, 2002. 12. 25. p.9.

25) 송호근, 앞의 책, p.211.

26) 제일기획, 앞의 글.

27) 송호근 교수는 IMF 이후 연고주의가 강화되었고 지역주의는 완화되었다고 쓰고 있다. 김대중정권이 연고적 편중인사를 했는데도(p.177) 한국의 지역주의는 크게 개선되었다고 쓰고 있다.(p.216) 사람들이 스스로 지역주의를 벗어나려는 노력의 결과라고 주장하고 있다. 너무 자의적인 해석으로 보인다. 정부인사에 대한 출신지별 통계들은 전두환, 노태우, 김영삼정부에 비해 김대중정부에서 지역차별이 줄어들었음을 보여주고 있다. 이전 정부들이 김대중정부보다 더 심한 편중인사를 했다는 뜻이다. 2000년 국회의원 선거가 보여주듯 지역주의는 줄어들지 않았고 또한 조선·중앙·동아나 지방신문들이 지역주의적 왜곡을 멈추지 않아 시민사회가 스스로 노력해서 지역주의가 크게 개선되었다는 송호근 교수의 말을 믿기 어렵다. 정부의 지역주의가 그래도 줄었고, 20-30대에서 지역주의적 경향이 줄어들어 지역주의가 개선되고 있는 것으로 보는 것이 타당하다고 생각한다(앞의 책, pp.176-188 참조).

28) 송호근, 앞의 책, p.229.

29) 「세계일보」, 2003. 1. 30. p.12.

30) 책이 국가와 민족을 강화했다면 인터넷은 국경을 넘는 다양한 소통을 통해 국가를 없애는 방향으로 영향을 미칠 것이다.

31) 「문화일보」, 2002. 12. 21. p.26.

32) 마뉴엘 카스텔, 『네트워크 사회의 도래』(김묵한 외 옮김, 한울아카데미, 2003).

33) 네안데르탈인은 소리기관의 구조가 현생인류와 조금 다르다. 한 컴퓨터 시뮬레이션에 따르면 이들은 비음이 많아 발음이 정확하지 않다고 한다. 2002년 독일 연구진이 혀와 성대 등을 절묘하게 조절해 다양한 소리를 내게 하는 'FOXP2'라는 유전자를 찾아내 20만 년 전에 돌연변이로 이 유전자가 인류에 나타났다고 추측하였다(「중앙일보」, 2003.7.1, E17쪽).

34) 월터 옹, 『구술문화와 문자문화』(이기우·임명진 옮김, 문예출판사, 1995), pp.54~92.

35) 서로 일상적으로 소통할 수 있는 공간의 크기. 소통장을 기초로 문화적 교류가 형성되고 문화권 또는 문화적 경계 등이 출현한다고 볼 수 있다.

36) 조르주 장, 『문자의 역사』(이종인 옮김, 시공사, 2001).

37) 베네딕트 앤더슨, 『상상의 공동체 : 민족주의의 기원과 전파에 대한 고찰』(윤형숙 옮김, 나남, 2002).

38) 월터 옹, 앞의 책.

39) "미국의 어린이들은 6세가 되어 취학하기 이전에 평균 5,000시간을 텔레비전 수상기 앞에서 보내고, 고등학교를 졸업하기까지는 19,000시간을 시청하며, 20세의 나이에는 거의 백만 번의 텔레비전 광고를 시청하게 되는데, 이는 매주 약 1,000번이나 되는 것이다." 이정춘, 「미디어경쟁과 출판산업」, 2000년 11월 8일 발표, http://jcrhie.pe.kr/index/4article/article01.htm 출처.

40) 이러한 이유로 "영상세대는 상대적으로 목적이 뚜렷하지 않고 산만하며 매사에 매듭이 없고 상하를 존중하는 수직사고 아닌 수평사고를 하며, 이성적이기보다 감각적이고 충동적이다.(http://www.amotv.com/Channel3/school/index02.asp)"라는 주장이 있는데 너무 과장된 발언이다.

41) 스튜어트 오웬, 『이미지는 모든 것을 삼킨다』(백지숙 옮김, 시각과 언어, 1996).

42) 장 보드리야르, 『시뮬라시옹』(하태환 옮김, 민음사. 2000). 그러나 나는 이미지가 처음 가졌던 실재의 모습을 점점 잃고, 어떠한 실재와도 무관한 상태에 이르러, 독자적인 실재처럼 작동하는 현상이 포스트모던 사회의 특징이라는 것에는 동의하지 않는다. 이러한 현상은 구술사회에서도 나타나고 문자사

회에서도 나타났다. 부처, 미륵, 하나님, 요정, 마녀, 도깨비, 귀신, 극락, 천당, 지옥, 손오공, 홍길동들도 모두 시뮬라크라다. 이들도 현실에 실재보다 훨씬 강렬한 영향을 미친다. 이미지와 실재의 경계는 포스트모던에 들어와서 무너진 것이 아니라 이전부터 뚜렷하지 않은 상태로 있었다. 그 대상이 초자연적인 존재나 위인 등에서 이미지적 존재로 그리고 그 소통방식이 상상에 기초한 구술(또는 인쇄물)에서 이미지에 기초한 영상소통으로 바뀐 것이다. 그리고 현실이 실종되는 과정에 있다는 장 보드리야르의 주장은 지나치다. 시뮬라크라도 현실내부에서 현실로 작동하기 때문에 현실의 일부를 구성할 뿐이다. 보드리야르가 과거 사회의 시뮬라크라에 대해 제대로 생각해보지 못했기 때문에 나타난 오류로 생각된다.

43) 「연합뉴스」, 2003년 2월 11일에서 인용. 원래 표의 제일 위 칸의 분류가 문자세대와 영상세대로 되어 있는 것을 이 책의 일관성을 위해 문자문화와 영상문화로 바꾸었다.

44) 라도삼, 『비트의 문명, 네트의 사회』(커뮤니케이션북스, 1999), 4장 참조.

45) 주기인·박혜영, 「인터넷 : 통신사업에 미치는 영향」(정보통신정책연구원, 1998.4). p.8. http://203.254.64.141/cgi-bin/acemain.kr. 이정춘, 「미디어경쟁과 출판산업」(2001.11.8) http://jcrhie.pe.kr/index/4article/article01.htm에서 재인용.

46) 서로 실시간으로 반응하는 것이 아니라 얼마 후에 접속해서 체크하고 반응을 올리는 방식으로 상호작용이 진행되는 것을 말한다.

47) 교수인 나와 관련하여 보면, 학생들이 쉽게 교수들의 문제를 인터넷에 올리니 여러 측면에서 이전보다 훨씬 조심하게 되었다. 모든 권력자들이 이전보다 더 조심할 수밖에 없는 것이 인터넷 소통체계다.

48) 하워드 라인골드, 『참여군중』(이운경 옮김, 황금가지, 2003).

49) 러시코프는 이러한 경향이 TV에서 나타나는 과정을 『미디어 바이러스』(방재희 옮김, 황금가지, 2002)라는 말로 설명하고 있다. 이러한 현상은 TV보다 인터넷에서 더 극적으로 더 빈번하게 나타나고 있다.

50) 2002년 대선과정에서 민주당 국회의원의 살생부가 나돈 적
    이 있다. 민주당의 내분과정과 그 내용을 정확히 파악하고
    있어서 정당내부의 누군가가 작성한 것으로 생각하였다. 그
    러나 확인 결과 조그만 기업의 직원으로 밝혀졌다. 인터넷을
    뒤져서 만들었다고 한다. 그만큼 많은 정보를 일반인들도 인
    터넷으로 찾아낼 수 있다는 뜻이다.

21세기 한국의 문화혁명

초판인쇄 2004년 3월 25일 | 초판발행 2004년 3월 30일
지은이 이정덕
펴낸이 심만수 | 펴낸곳 (주)살림출판사
주소 110-847 서울시 종로구 평창동 358-1
출판등록 1989년 11월 1일 제9-210호
전화번호 영업·(02)379-4925~6   기획·(02)396-4291~3
          편집·(02)394-3451~2
팩스 (02)379-4724
e-mail salleem@chollian.net
홈페이지 http://www.sallimbooks.com

ⓒ (주)살림출판사, 2004   ISBN 89-522-0212-0 04080
                        ISBN 89-522-0096-9 04080 (세트)

값 9,800원